班雅明

馬國明————著

葉維廉、廖炳惠————主編

Walter
Benjamin

東大圖書公司

《西洋文學、文化意識叢書》
總　序

　　自從結構主義、後結構主義崛起之後，名詞及術語令人目不暇給，再加上批評家往往在理論裡平添自傳、政治抗爭、文字戲耍的色彩與作為，使得理論不再容易理解，尤其在一波波的新理論推出後，彼此針鋒相對，互有消長，更令人覺得無所適從，猶如瞎子摸一隻不斷變換位勢及形狀的象，始終無法明瞭理論的體系及其來龍去脈。

　　以中文發表的論文及專著，雖然已有不少是觸及晚近的文學、文化理論，但是大多只作全景掃描式或作片面的報導，鮮有真正深入某一理論家的原作，就其思想傳承作清楚的交代，並對理論演變及其作用加以闡明，從而進一步評估其成就，不致落入邊陲地帶的完全依賴、毫無判識能力的弊病。

　　這一套叢書由葉維廉教授提出構想，由我擔任策劃，我們力求平均分配文學、文化理論家的學派比例，希望能藉研究這些理論家，同時對當代的文化、社會理論及活動也有廣泛的接觸。對於古典的文學理論家如柏拉圖、亞理斯多德，乃至啟蒙時代以後的美學、哲學家如康德、黑格爾、尼采，或像馬克思及海德格，這些影響深遠的思想家，我們希望將他們納入當代的文化理論中加以討論，從中看出他們被吸收、轉化、批判的成分，進而對這些思想家在傳統中所形成的效應歷史意識有所反省。

　　當然，任何一套叢書難免有掛一漏萬的問題，我們儘量做到在地理分布上，從蘇俄、東歐、西歐到美國，不落入英美或法德為本位的理論傾銷；同時，我們對現代主義、詮釋學、批判理論、女性主義、

後現代主義、後結構主義、後殖民論述的代言人,也力求均勻,尤其兼顧了弱勢團體的論述,就膚色、種族歧視的分析與批判,以一、兩位理論家作為文化批判的切入點。當我們拿現代主義或早期的女性主義者為研究主題時,已顯出後現代處境自我反省以及重新評估其源頭的態度,是以後現代、後結構的觀點去審視現代主義及女性主義,藉此闡揚、再思現代主義、女性主義與批判理論未完成的構想,並對現下的思潮作重新定位。

這一套叢書集合了臺灣、香港、法國、美國的學者,以目前的陣容作基礎,希望能作到逐漸擴大,並引起學術及文化界的熱烈回響,使理論進入日常生活的意識,思想與文化作為結合。

三民書局暨東大圖書公司負責人劉振強先生使這一套叢書得以問世,在此要向他、參與叢書撰寫的學者與東大圖書公司的編輯群致敬。

廖　炳　惠
一九九一年七月於風城

班雅明
Walter Benjamin

目　次

附　錄

班雅明小傳

懷特‧班雅明 (1892–1940) 生於德國一家猶太人家庭。父親經營藝術品拍賣，家境富裕。十三歲時，被安排到 Thuringia 的一家寄宿學校就讀，接觸到思想開明，反對權威主義，強調青年對文化重要貢獻的校長 Gustav Wyneken，促使班雅明後來在大學求學時，積極參與「青年運動」，即是現時的學生運動。班雅明曾經擔任一個獨立的學生組織 (Free Students' Association) 的會長。這個組織不隸屬任何大學，它主張求學的意義在於令到（編按：意即「使」、「使得」）學生自由和自主，因此學生絕對有權參與學校的事務。班雅明更認為學生（或青年）更是社會改革的重要元素，但他並不主張學生以政治行動改革社會，他認為學生並沒有太多物質利益，可以追求理想的生活。他的主張也就是以改變生活方式去改變社會。

雖然班雅明後來否定這時期的主張，但他在期間發表的文章，如〈青年的形而上學〉("The Metaphysics of Youth")，已清楚地蓋上班雅明文章風格和思想精神的特有記印。無論如何，班雅明那種超然於社會現實的想法被第一次世界大戰徹底打碎。當德軍入侵比利時之際，班雅明的一個好友 Fritz Heinle 連同他的女朋友雙雙自殺，死的地點正好是班雅明所屬的學生組織經常聚合的地方。大戰又使班雅明和 Wyneken 正式決裂，因為後者鼓勵青年人從軍。或許由於種種變故，班雅明離開柏林，轉到慕尼黑繼續他的學業。後來為了逃避兵役，到了瑞士攻讀博士學位，研究德國浪漫主義的哲學基礎。在撰寫博士論文時，班雅明已感覺到學術論文的形式窒礙了他自由表達自己的思想，但他總算能克服問題，完成論文，並在一九一九年夏天獲頒授學位。之前兩年，班雅明跟 Dora Kellner 結婚。班雅明的家境雖然富裕，但父親不會容許

成了家又讀完書的班雅明「不務正業」。事實上，在撰寫論文的同時，班雅明寫了十多篇文章，其中部分投到雜誌發表，但大部分文章則是在友儕間傳閱。這種寫作方式無非表達了班雅明超然生活的理想，但家境富裕的他亦需要一份「正當」的職業。

在大學裡當一個不受薪的講師是兩全其美的方法，一方面滿足家庭對班雅明的期望，另一方面可以讓班雅明繼續超然地生活。只要他能當上大學講師（即使不受薪），他的父親同意繼續資助他生活所需。班雅明選擇了十七世紀的德國悲劇（更貼切而言是哀悼劇）作為他的後博士論文的題材，並得到法蘭克福大學的同意審核他的論文。班雅明在一九二五年寫完論文，正式交到法蘭克福大學文學史學系的教授手裡。該名教授卻以論文不適用於文學史為理由，把它轉交美學系；但美學系裡的教授表示不明白班雅明的用意。班雅明的後博士論文不被接納，到大學當講師的計劃落空。班雅明決定寫作為生，他的決定並非一廂情願。在得悉論文不被接納之前，班雅明的才華已為奧地利詩人和劇作家 Hugo Von Hofmannsthal 所賞識。在一九二五年的年初，班雅明開始定期為《法蘭克福日報》撰稿，他的論文——一部名為《單程路》的文集和一篇專論歌德的文章都被一家出版社接納出版。在德國文化界中，班雅明至少是薄有聲名。他曾在書信中向朋友表示希望可以晉升為德國數一數二的評論家，若非納粹主義的興起，班雅明的願望當會實現。

一九三三年，班雅明離開柏林，開始他的放逐生涯。在他的書信裡，他指出他其實並未有人身的危險；但他的稿件不斷被退回，商討中的計劃突然中斷，原來的邀請亦告取消。他知道是時候離開，在納粹主義統治下，班雅明的寫作生涯只能在放逐裡才

能繼續。事實上，他幾篇最著名的文章都是在放逐期間寫成。當然，他那個龐大的十九世紀巴黎研究（《商場研究計劃》）亦因著放逐的關係而快速展開。這個計劃構思於一九二七年，這一年他再次造訪巴黎。在整段放逐期間，他盡可能留在巴黎，雖然在巴黎生活，花費頗大。他每天一早到了巴黎國家圖書館，找尋他需要的材料，並做筆記，直到傍晚才回到他的住所。他在放逐期間所寫的文章全都因著他的十九世紀巴黎研究而切中二十世紀的各種巨大的歷史文化問題。在氣魄和視野上，比德國期間的評論文章自然更大和更廣。

在個人層面而言，放逐的生涯當然不好受。雖然巴黎聚居了不少像班雅明一樣自我放逐的猶太人，但班雅明對他們敬而遠之，埋頭做自己的工作。但這樣一來，班雅明便幾乎完全孤立。寫作維生的人最忌孤立，孤立的人不可能發表他的文章。寫作維生一定要有某種社會網絡支撐。在放逐期間，班雅明的唯一支持來自霍克曼主持的社會研究院；這方面的支持實有賴阿多諾的全力推許。不過，由於社會研究院剛搬到紐約，而阿多諾又只是剛加入，無論是霍克曼或阿多諾，都會首先考慮學院整體的利益，經常對班雅明的文章加以刪節，甚至要求他改寫，為班雅明加添不少壓力。其實在班雅明方面，他亦同樣從整體方面來考慮別人的批評。戰後德國出現的衰退和通脹已說明資本主義的重重矛盾，納粹主義的出現更說明人類社會已到了危急存亡之秋。他贊同霍克曼要將人類社會納入嶄新理論基礎的觀點，他對霍、阿二人的批評是認真考慮的，儘量把二人的批評納入自己的架構裡。

一九四〇年，德軍攻陷巴黎，班雅明倉惶逃生。他跟一群為數十多人的猶太人逃經西班牙，在法、西邊境被西班牙駐兵驅回

返法國國境。當晚，班雅明選擇自行了斷，而大伙兒在第二天卻順利過境。

導

論

導 論 | 9

在西方，介紹和討論班雅明的著作數以千計。就筆者所知，這卻是第一本討論班雅明的中文書。由於一個人的認識十分有限，筆者的印象很可能是錯的。即使不錯，這個「第一」只會令人神傷，不會叫人雀躍。第一本書通常都不是最好的書，它的第一只是歷史上的第一，不是實質上的第一；令人神傷的正是這種歷史上的第一。「太陽之下無新事」，那是因為歷史上不知有多少個第一後來變得淹沒無聞。能夠逃過這種厄運的就只有那些不斷被人模仿或重複的第一。例如秦始皇是第一個統一中國的皇帝，這是眾所周知；然而，要不是秦始皇之後不斷有人要重複統一中國，要是秦始皇之後再沒有人接受以暴力統一中國，那麼秦始皇這個歷史第一的命運又會怎樣？今日我們所知道的歷史第一都是經過一個物競天擇的過程才被保留下來，物競天擇的一項原則就是弱肉強食，人類歷史和自然歷史相去不遠，當然令人神傷！

第一本討論班雅明的中文書的意義不在於這本書本身，而在於能否有第二、第三，以至第四本等等。歷史上所知的第一全是後來者替它們建立的，這是班雅明對歷史的深刻體會。至於被淹沒的歷史第一更全賴後來的世代從歷史的廢墟裡重新發掘。班雅明其實也是一種歷史第一。據說，當布萊希特 (Brecht) 聽到班雅明被納粹分子迫得走投無路而自殺身亡時，他指出這是希特勒對德國文學做成的第一宗損傷①。納粹主義不但迫死班雅明，還幾乎把他的著作淹沒了。如果納粹主義沒有戰敗，今日我們是否可以讀到班雅明的著作，便是一個未知數了。同樣，如果這本書之後，再沒有第二本討論班雅明的中文書，那絕對不是因為他的著

① Hannah Arendt, "Walter Benjamin: 1892–1940", see Walter Benjamin, *Illuminations*, London: Fontana, 1973, p.2.

作經不起考驗，而是「有中國特色」的中國國情把它們淹沒了。
在德國，班雅明的著作埋藏在二次大戰的廢墟裡達十五年而獲重
生，馬上受到廣泛的注意 ②；在六〇年代的學生運動裡，更受到
學生的尊崇 ③。在英、美方面，鄂蘭 (Arendt) 在一九六八年編選
的班雅明作品集亦產生相同的作用 ④。

　　在中國，北京的三聯出版社在一九八九年三月出版了張旭東
和魏文生據英文版翻譯的《發達資本主義時代的抒情詩人》⑤。
這個版本的一個缺失是忘了交代所收的三篇文章的出處。由於三
篇文章跟班雅明那個龐大的《商場研究計劃》(見第三章) 有密切
的關係，三篇文章在一些地方好像是重複；不知底蘊的讀者會感
到混淆。至於中文譯文裡出現很多基本錯誤，以至譯文幾乎不可
讀。介紹班雅明和中國讀者第一次見面的有關人士似乎有點馬虎
了，但這不是班雅明至今仍未被中國讀者廣泛認識的主要原因。
一九八九和一九四九都是二十世紀中國的分水嶺，然而這兩個年
份的重要性或破壞性在中國大陸以至在臺灣都不是可以自由討論
和公開紀念的課題；只有香港這個還未完全融入中國文化圈、世
界地圖上只是輕輕一點的地方，才可以一起刻上這兩個年份的記
印。當然這是兩個完全不同的記印，分別跟灣仔會議展覽中心內
的國慶酒會和維多利亞公園內的足球場上的六四燭光晚會一樣。
如果一九四九年曾經被當作是中國歷史的新起點，那麼一九八九
年就是它退回到那充滿血腥和污垢的舊巢裡。一九四九年，在宣

②　同上，pp.1–2。

③　Gary Smith ed., *On Walter Benjamin*, Cambridge, Mass. ed.: MIT Press, 1991, p.90.

④　Graeme Gilloch, *Myth and Metropolis*, Cambridge, 1996, p.4.

⑤　英文版為 Walter Benjamin, *Charles Baudelaire: A Lyric Poet in the Era of High Capitalism*, London: Verso, 1983。

佈要擺脫西方帝國主義的魔爪的同時，更聲稱要拋卻中國封建傳
統的枷鎖。一九八九年之後，反帝的立場由互利互惠的務實外交
取代；另一方面，由人權問題、社會制度以至足球運動的發展都
加上「有中國特色」的標籤⑥。就如任何標籤一樣，「有中國特
色」的標籤是無需在中國製作的；只要成本低，製成品又可以瞞
混過關，什麼地方製作都一樣。唯一重要的是確實擁有製作權。
就如所有標籤的製作者一樣，「有中國特色」的製作者是絕不會容
忍別人侵犯版權的。

　　班雅明的著作的中文譯本在一九八九年出版，它面對的是一
個「有中國特色」的標籤盛行的年代。這種風氣的最深遠影響是
任何人與物都很快被打上標籤，如：反革命、顛覆分子、全盤西
化等等。如果十七世紀德國的隱喻作者任意替事物賦予新義，因
而使事物失去任何意義（見第二章），那麼在一九八九年之後，事
物便硬被塞進幾個預先設計好的黑箱裡；那裡事物都只得一個模
樣。在這種情形下，班雅明的著作也只不過是西方思想的一種而
已。然而，在二十世紀的思想家裡，有資格打破東西文化界限的，
班雅明堪稱是其中一個。除了因為他的思想並不排斥星相學、鍊
金術、神祕主義等不屬於西方理性思維的傳統之外，更重要的是
他把東方人掛在口邊的傳統價值放在歷史哲學的層面上來考慮。
他那部未成形的《商場研究計劃》更強調要從舊有的神話角度來
檢視最新的事物。班雅明還很年輕時，便已極為關心歷史哲學的
問題；他早期的書信便經常提及這點。在其中一封通信裡，他把
歷史看成是啟示的世界，與之對立的是一個包括大自然和藝術品
的寂靜世界（*CORR* p.224）。班雅明所說的啟示是指真理的自我表

達，這點在他那篇不被接納的後博士論文《德國悲劇的起源》的方法論序文裡有所說明。歷史是啟示的世界，不只因為真理的自我表達是發生在歷史裡以歷史事件的形式進行，更因為歷史的源頭就是啟示，是真理的自我表達開啟了人類歷史。

在《德國悲劇的起源》的方法論序文裡，班雅明引用了柏拉圖的理念論 (Theory of Ideas)。他贊同理念是自存，是獨立於現實世界的說法。他更把理念和真理相提並論：「真理是毫無意圖、由理念組成的生存狀況。」(*OGTD* p.36) 但另一方面，他卻不同意理念的世界是完全超脫和凌駕於現象世界的，他認為二者之間存在一種伙伴的關係，雖然各自的貢獻是不同的。「現象並不包括在理念之內，它們不是置身其中。理念其實是現象客觀、實際的排列，它們客觀的解釋。」(*OGTD* p.34) 班雅明更設了一個生動的比喻：「理念對於事物就如星座對於星星一樣。這點首先是說它們並非後者的概念或律則。它們不會加強現象的認識，後者更絕對不是判別理念存在的準則。」(*OGTD* p.34) 即使像香港這樣一個不會看到星星的地方，人們仍保留了星座的理念；星座的理念是永恆的。另一方面，只有當星星在天空重現時，人們才可以親眼目睹星座的光芒。就如星座的輪廓是由差距千、萬光年的星星組成一樣，「最能解釋理念的就是作為一種能夠將最獨特、最極端的和它們各自相應的事物都放在一起的排列的上下文理」(*OGTD* p.35)。班雅明指出事物的一般性不在於事物之間的平均數，而是令事物一起靠攏（就如上至大資本家，下至三教九流齊向權勢靠攏）的理念。事物向理念靠攏固然是現象的救贖，但也是理念的具體表達。理念的表達不只是抽象思維，更可以是具體可見的映像。

　　因此，當班雅明把歷史看成是啟示的世界的時候，他已表明歷史的真義不是把歷史事件用因果關係貫串起來就能表達。他的最後著作〈歷史哲學命題〉便嚴厲地批評以事件的因果關係作為歷史的真義的史學（見第一章）。對班雅明來說，歷史的意義在於啟示，在於真理的自我表達。歷史事件即使貫串起來也不能表達真理，因為「真理不是一種在經驗世界自我滿全的意圖，它是決定這個經驗世界的本質的力量」(*OGTD* p.36)。這樣說是否表示歷史的真義是不可知？班雅明以「啟示」作為人類歷史的起源，這點和他後來的唯物主義觀點是否自相矛盾？這些問題將會在第一章裡進一步討論，這裡要指出的是中國當前的境況正好觸及這些看來是極為抽象的問題。當今中國正處於兩個極端，一方面，中國之所以是中國，在於它的過去，在於那個源遠流長的禮義之邦的過去。但這一刻的中國卻由一個曾經宣稱要擺脫過去，把中國帶到一個前所未有的未來的政權控制著。即使這個政權現在已懂得選擇性地利用過去（如大一統），但基本上它是靠一種對未來的憧憬（所謂四個現代化）來說服人們接受它的殘酷統治。即使中國未來真的可以現代化、富裕和強大（人們已迫不及待宣佈二十一世紀是中國世紀），但「中國」的意義是否在於人人可以參與這個仍屬於未來的共榮圈？當象徵性的投票資格仍是遙遙無期的時候，期望人人可以實質地享用經濟發展的成果是否有點緣木求魚？

　　眼前的矛盾是一方面人人都陶醉於一個西方資本主義製作的物質充裕的未來，甚至願意為了這個未來而容忍一個殘酷的政權；另一方面，在有需要的時候就搬出中國的過去來表達所謂「中國的特色」。如果中國不只是由秦始皇之類的暴君用強權壓印出來的一幅地圖，如果中國是聖人口中的禮義之邦，那麼便必須從理念

的角度來看待中國的歷史。作為一個理念，中國應該是毫無意圖的。中國的「真理不是一種在經驗世界自我滿全的意圖，它是決定這個經驗世界的本質的力量」。說話要講清楚，如果我們認同中國可以是一個自存自足的理念，而不只是現象世界裡由倚仗暴力的政權堆砌而成，那麼我們便不能再固執於什麼中西之分；至於所謂中學為體、西學為用的說法更屬無稽之談。當然在現象世界裡，中西之分是存在的，但作為一個理念，中國應可以把現象世界的中西裡最獨特和最極端的放在一起，而且把它們排列成一個客觀的解釋。

　　以上的說話本來是不用說的，只是曾幾何時引介西方思想成了調理被人譏為「東亞病夫」的中國的補品。「今日的中國不是四九年以前的中國」，弦外之音是不再需要西方思想作為補品了。然而，那邊廂（包括香港、臺北、北京）可口可樂、麥當勞、家鄉雞卻塞得滿肚子。補品不吃了，垃圾卻吃了一大堆。今日，幾乎每一個中國人都已陶醉在資本主義的繁華美夢裡，難怪連孔家店子也被人當作是召喚資本主義幽靈的巫師。對於今日的中國，班雅明所代表的「西方思想」並不是什麼補品，而是幫助我們清理腸胃的消化劑。又或者是一盆澆在頭上，令我們清醒的冷水。「進步的概念應該建基於災難的意念裡。事情到了這個地步就已經是大災難。災難不是那些威脅會發生的事，而是已經發生的。」(*N* 9a,1) 在第一章，我們會詳細討論為什麼班雅明會把進步和災難劃上等號。其實班雅明既然把歷史看成是啟示的世界，歷史既然由啟示所開啟，那麼進步的意念或者是日子會一日比一日好的想法就頗成問題。歷史由啟示開啟，歷史的意義不在於它的結局，而在於它的起源。但這個起源不是從歷史事件裡追溯其中的因果關

係就可以找到；因為這是啟示，是真理的自我表達。

　　中國人一向對自己那個源遠流長的文化感到自豪，就如所有源遠流長的河流一樣，歷史悠久的文化，它的源頭往往是難以確定的。班雅明這樣寫：

雖然起源是徹頭徹尾的一個歷史範疇，但卻跟歷史的開端完全沒有關係。起源這個字眼不是要用來描述當下的事物出現的過程，而是用來描述在轉變和消失的過程裡湧現的。起源是轉變的溪流裡的一個旋渦，在它的水流裡，它吞噬了歷史開端涉及的材料。原創性的事物永遠不會在事實那種裸露和炫耀的生存狀況裡展示。它的節奏只能從一種相關的觀點才變得明顯。一方面，它需要被認作是一個還原和中興的過程；另一方面，正因為這樣，它亦被當作是不完美和不完整的事物來看待。(*OGTD* p.45)

以上引文的最後一點帶出了歷史救贖的觀念，這也是班雅明思想的一個特點。歷史的起源雖然屬於歷史的範疇，但卻不是歷史裡現成的事物或史實；歷史的史實只可以用來描述當下的事物出現的過程，因為史實之所以是史實，除了被保存下來之外，更是曾經被人確認。像秦始皇統一中國的史實便一次又一次被後來的統治者所確認。歷史的起源就如河流的起源一樣往往是未被確認的，歷史的起源往往只是河流的源頭一樣——一片沼澤——不完美亦不完整；又或者是一片乾涸的河床，需要還原才可以重新認出來。因此，班雅明強調歷史的真義決定於現在所能認出來的，而不是過去所遺留下來的。歷史的意義在於認出歷史的真相，這種辨認無需學術資格，絕對不是專業史家的專利。辨認歷史真相的工作

超出學術的範疇，也超出政治的範疇，因為是救贖的範疇。後者涉及人的整個生存狀況，尤其是人對事物的感觀。表現在人生體驗、記憶以至文學形式的興衰的生存狀況卻是不斷轉變的，在資本主義社會裡這點尤其明顯。這也是班雅明那種獨一無二，要結合神學和歷史唯物論的思想根源。

當班雅明第一次接觸到馬克思主義時（一九二四），他自己的思想已形成了一條清晰的路向，這種路向和歷史唯物論之間卻存在不少互相補充的地方。班雅明的語言理論是一個很好的考察點，因為最能夠表達他在「前馬克思主義」時期形成的思想的，莫過於語言理論。在一九一六年，當他只有二十四歲時，他寫了一篇題為〈關於語言本身和人類語言〉的文章。文章一開始班雅明便指出：

語言……其實不只跟人類思維表達的各個領域並存，而且在這些領域裡，語言在某種意義下已包括在其中；語言更絕對是與所有事物並存。無論在活動或不動的自然界裡，沒有一件事件或物品不是在某方面參與著語言，因為萬物的本性就是要傳達它們的思維意義。（*OWS* p.107）

一般而言，「人為萬物之靈」的佐證是只有人才懂得運用語言。班雅明的理論一開始便否定這種說法，只要萬物是可以自我表達，那麼對班雅明來說便是參與在語言裡。換言之，運用語言的說法一開始便錯了，「語言表達了事物的語言狀況，但這種狀況最清楚的表現莫過於語言自己。對於『語言傳達什麼』的問題，答案就是『所有語言都是傳達自己』。」（*OWS* p.109）如果班雅明的語言

理論看來好像是無意義的同義重複，那是因為人們對語言早已有一個先入為主的觀念，即語言是傳達訊息的工具。班雅明不否認語言傳達訊息的作用，但他認為這並不是語言的本來面貌，只是語言被扭曲之後的結果而已。

　　班雅明所指的語言本身就是要探討語言被扭曲之前，當語言還沒有變成傳達訊息的工具之前的特質。這種特質見諸「表達自己和表達任何其他事情都是同一回事」(*OWS* p.112)。這種特質固然代表著一個萬物皆一，絕對和諧的境界，但亦見諸命名的舉動。命名是班雅明的語言理論的中心，它說明語言不是傳達某些外在於語言的意義。語言傳達的是萬物的思維活動，即萬物可傳達的狀況，不是萬物的本質。命名一方面指出了語言的自存和自足，但另一方面亦說明語言並不包括事物的全部本質，只是包括事物的語言本質。班雅明指出：「在語言的領域裡，命名的唯一目的和無可比擬的意義在於它是語言最中心的本質。命名就是在它範圍以外便不會有任何事情傳達，在它之內語言是毫無保留地自我表達。」(*OWS* p.111) 人類的語言包括了命名，這點對班雅明來說，說明人的思維狀況就是語言本身。因此，人的思維活動可以毫無保留地全部表達。但班雅明再次強調：「由於人的思維狀況就是語言本身，他不能用語言來表達自己，而是在語言裡表達自己。」(*OWS* p.111) 命名正好體驗了人在語言裡表達自己的特質，命名也就是那股能定斷現實世界的力量。對班雅明來說，命名絕對不是任意而為的。

　　在《德國悲劇的起源》的方法論序文裡（班雅明自己稱這篇文章是他的語言理論的續篇），班雅明把哲學之父的美譽冠在亞當這位人類的祖先身上，因為亞當曾經為萬物命名。班雅明指出：

「亞當為萬物命名的舉動是絲毫沒有戲弄或機心的成分，它因而確認了樂園的狀況是一種仍然無需為字眼表達的意義掙扎的狀況。」(*OGTD* p.37) 在〈關於語言本身和人類語言〉一文裡，班雅明更多次引用《舊約聖經》。但他引用《聖經》的原因不是因為它是《聖經》，而是因為「當《聖經》把自己當作啟示時，必然會把語言的基本事實鋪陳出來」(*OWS* p.114)。對班雅明來說，《聖經》是否如信徒相信的就是啟示，這點並不重要；重要的是《聖經》作為啟示時，怎樣表達語言的特質，因為啟示無非是語言的自我表達。對班雅明來說，啟示並不是啟示什麼神祕不可知的事物，而是萬物參與語言自我表達的過程。〈關於語言本身和人類語言〉的結尾是這樣寫的：

存在的事物的語言就是它用以表達其思維的媒介。這種沒有間斷的傳達貫串著整個大自然，由最低等的存在到人，再由人到神。人用名字向神傳達自己，他亦替自然和同類（以專有名詞）命名。他替自然起的名稱是根據他從自然得到的傳達，因為整個大自然也是滲透著一種莫名不語的語言。這是神創造的說話的餘波……。大自然的語言可以比作一個暗語，每一個警衛都會用下一個警衛的語言來說出暗語，但暗語的意義就是前一個的語言本身。所有高一級的語言都是從下面翻譯過來的，直到最後變得清澈見底時，神的說話也告展現，這也是語言組成的活動的統一。(*OWS* p.123)

如果人類的語言不再是語言活動的中樞，如果名與實之間不再協調統一，那是由於原罪。班雅明對原罪的意思自有他的一番見解，他依舊從語言的角度來處理問題：「蛇用來誘人的知識，即

善與惡的知識是無以為名的。它是徹底的虛榮，而這種知識本身就是樂園裡的唯一邪惡。」(*OWS* p.119) 對班雅明來說，原罪的意思是指人選擇了一種無以為名的知識，因而受到審判，因為「知識的樹在神的樂園裡屹立不是為了散播善與惡的訊息，而是作為向提問者審判的標記」 (*OWS* p.120)。 善與惡的問題本來並不存在，只是庸人自擾的結果。善與惡不會有固定的形態，因此不會有名字，就如真理是不需要名字一樣。名字是人替事物的語言說話，名字表達了人和大自然的共融。對班雅明來說，這種共融建基於人和大自然共同參與在語言之中，完全不涉及神祕主義。這種共融不是表現於沉寂的冥想，而是表現於命名，亦即是把不能說話的大自然的語言翻譯成說話。

　　班雅明的語言理論雖然充滿著濃厚的神學色彩，但他的神學是一種毫不含糊，完全可以清楚表達的神學。神學的出發點是啟示，班雅明的神學也不例外；例外的是他把啟示等同為語言的表達。對他來說，最抽象的思維活動，亦即是宗教所代表的超越於人的領域的探索，是最能清楚表達的。「宗教的最高層次的思維（在啟示的概念裡）也同時是唯一不會有不能表達的領域，因為它以命名稱呼並且作為啟示來自我表達。」(*OWS* p.113) 班雅明這種以語言為本的神學觀引申出他的獨特歷史觀，即歷史的起源（有別於具體史實串連而成的歷史開端）是啟示。對於啟示，一般的見解是把它當作一股超自然，一股外在於人類歷史的神奇力量。在觀念上，啟示是沒有時間性的，是永恆的，而歷史卻是永遠的改變。啟示和歷史的遭遇就只能是外來的力量對人類歷史的干預。然而作為語言的自我表達的啟示卻不是外在於人類歷史，因為人本來就是整個啟示過程的中樞。這裡的關鍵是命名，它是那股能

夠定斷事物的思維內容的力量。但命名這種近乎魔術的力量卻不是由於它一語中的，道破事物的本質。名字只是說出事物可傳達的部分，即它們的思想內容。命名其實是一種翻譯，它把事物的語言翻譯成人類的語言。這種翻譯「不但把無聲翻譯成有聲，而且更把無名翻譯成名字。因此，它是一種把一些不完美的語言翻譯成為較完美的語言，並且在過程中無可避免地加添了一些東西，亦即是說知識」(*OWS* pp.117–118)。對班雅明來說，啟示是語言的自我表達，而這個過程的細節就是人用名字來翻譯事物的語言。由始到終，人以至萬物（透過人的翻譯）都參與其中，因此不是外在於人類歷史。

　　對班雅明來說，命名一方面是人繼承創造的工作，另一方面則開展了人類知識的累積。在過程裡，理念亦告呈現。班雅明指出：「在命名的舉動裡，理念在毫無意圖底下展示，它們必須在哲學的思考裡再次重申。」(*OGTD* p.37) 命名所展示的理念並非來自感觀的經驗，這是命名的魔力，但這種魔力卻不是來自名字本身。班雅明這樣說：「在現象世界以外，自存自足，唯一令這種力量有所依歸的，就是名字。這也決定了理念呈現的狀況。但理念不是一套起初已存在的語言裡呈現，而是在一種起初已有的感觀裡；那裡說話自有它們作為名字的高貴特質，不曾被認知上的意義破壞。」(*OGTD* p.36) 什麼是起初已有的感觀？班雅明的意思是指當語言仍只是表達自己，而不是作為一些外來意義的表達工具的境況。在這種境況裡，人的感觀也就能免於語言以外的意義干擾。當然，這種境況已變成一種只能設想的境況。不過，初次接觸大城市，對一個陌生地方一無所知底下產生的印象可以說是近似班雅明所說的初次感觀。事實上，班雅明亦曾對初次接觸一

個陌生的大城市的獨特觀感作了分析。這點，在第三章裡再作介紹。到這裡，班雅明認為歷史的真義是要重新被認出來的理論依據已十分清楚。由歷史史實串連起來所說明的開端並不是歷史的起源，因為這些史實都是在經驗世界裡，在紛亂的意義森林裡（如大一統）被確認的，絕對不能代表那種起初已有的觀感。

　　班雅明的語言理論是毫不掩飾的形上學（或神學），但卻和歷史唯物論裡的意識型態理論存在一種近親的關係。命名原本在語言活動的中心地位已被象徵式的語言取代，情形就有如直接的生產者不但不能主宰他的製成品，就連自己的勞動力亦得聽命於他人一樣。對班雅明來說，從抽象的形上學走到歷史唯物論也就是輕而易舉之事。在以後的章節裡，我們將會有很多機會查看班雅明怎樣橫跨這兩種看似水火不相容的體系，在餘下的空間裡，我們必須處理班雅明語言理論的一項十分重要的引申——翻譯理論。在二十世紀即將終結的時候，如果中國的知識分子仍然為西化可否說「不」的問題困擾，在很大程度上是因為人們對翻譯的認識只是停留在技術或字眼的斟酌的層次上。不同文化的相互影響主要是透過翻譯進行，翻譯是兩種語文的結合。就如人與人之間的結合並不表示結合的雙方會失去各自獨特的身分，而是豐富了二人的生命一樣；翻譯是一個令到原本被翻譯和翻譯出來的語文二者都同時得益的過程。在〈關於語言本身和人類語言〉一文裡，班雅明指出：「翻譯是在一個轉化的連接體裡，把一種文字遷徙到另一種文字裡。翻譯經過的是連接體裡面的變化，不是抽象的身分或類似的領域。」（*OWS* p.117）對班雅明來說，人類的語言和文字本身就是一種翻譯，是從無聲無息，沒有名字的事物語言翻譯過來的。因此，「翻譯的概念必須建基於語言理論裡的最深

層，因為它的影響實在太深遠、太巨大，不能像有些時候出現的情形那樣，掉以輕心」(*OWS* p.117)。不同語文之間的翻譯亦同樣需要從語言理論的角度來考慮。

班雅明曾經把波特萊爾和普魯斯特的作品翻譯成德文，在波特萊爾的德文版裡，班雅明更撰寫了一篇題為〈關於翻譯者的任務〉的序文。文章開始時，班雅明提出一個看似十分簡單的問題：「翻譯是否只為那些不懂原文的讀者而設？」(*ILL* p.69) 班雅明沒有立刻回答自己的問題，但他指出，為讀者而設的翻譯通常是差勁的翻譯。原因在那裡？很簡單，「如果它（翻譯）是為讀者而設的，那麼原文也應該是為讀者而設的。如果原文並非為讀者而設，翻譯又怎可以從這項原則去理解？」(*ILL* p.70) 翻譯是否為讀者而設這個看似簡單的問題其實牽涉到翻譯的本質的問題。班雅明強調翻譯不是為了提供資訊，不是要讓讀者知道更多的事情。翻譯的問題，不應從讀者方面去考慮，而是要從語文和作品的角度來考慮。翻譯是基於作品本身的可翻譯性，所有由語文構成的作品都具備一種可翻譯性。班雅明強調，翻譯是一種形態（因為語言亦是一種形態），而不是傳達訊息的工具。

由於翻譯是一種形態，因此翻譯是否忠於原著的問題是沒有意義的。班雅明指出，在文字意義上忠於原著的翻譯必定是差勁的翻譯，這種翻譯（即所謂意譯）必定大幅度改動了原有的句子結構。另一方面，忠於原有句子結構的譯文（即所謂句譯）通常是艱澀難明。問題也不在於要在二者間取得平衡，除了這種說法其實只是無計可施下一種模稜兩可的辦法外，更因為「翻譯從原著的母胎裡鑽出來，但卻不是從她原有的生命裡，而是從她的後世裡」(*ILL* p.71)。由於翻譯的工作通常是在原著已經面世之後進

行的，翻譯面對的原著已不再是原來的原著。文字的意義是不斷豐富的，人們對語文的感覺亦不斷轉變；曾經是清新的語文會變成陳腔濫調，通俗的變成艱澀。「如果翻譯的最終本質是要儘量做到與原著相似，那麼根本不可能有翻譯。因為在她的後世裡，原著正不斷轉變。」(*ILL* p.73) 翻譯不是兩套枯死的語文的混合，而是兩套活生生的語文的相遇。在這次遭遇裡並沒有主客之別，亦不存在把一套文化加在另一套身上。

　　班雅明的翻譯理論衍生自他的語言理論，翻譯的關鍵是體現語言與語言之間的共通性；這種共通性建基於沒有任何指謂的語言，亦即語言本身。雖然這種語言就有如一件粉碎的珍貴器皿，但翻譯卻可以把碎片重新鑲嵌。班雅明指出：

要把器皿的碎片嵌上，碎片不需塊塊一樣，但卻要彼此接合。翻譯亦一樣，不是要仿製原著的意義，而是必須鉅細無遺地把原著裡的表達形態包括在內，從而使原著和翻譯二者都可以被人認出是更高層次的語言的碎片，就如碎片是器皿的一部分一樣。(*ILL* p.78)

今日我們把班雅明的理論翻譯，不是為了讓不懂外文的讀者一睹班雅明的風采，更不是為了把班雅明的理論介紹到中國。只是為了思想的領域，一如熱帶森林一樣，留在地上的人永遠都不會見到熱帶森林的輝煌。一旦打破地域的限制，在天空飛翔，森林冠頂的蓬勃生機便盡在眼底。今日，當中國的政局苦悶得如溫潤潮濕、疾病叢生的森林底部時，我們更要打破一統的思想枷鎖，飛

到那沒有高山險阻，沒有城牆圍欄，沒有森嚴警衛，沒有戒嚴宵
禁的天空裡。

第一章

班雅明的歷史革命

曾經流傳這樣的一個故事，有一部懂得下棋的機械人，對手每行一步，便作出應著。一個穿著土耳其服飾，口裡抽著水煙的傀儡坐在棋盤之前，棋盤放在一張桌子上。一組一組的鏡子使人產生幻覺，以為桌子全是透明的。其實一個矮小的駝子坐在裡面，用繩控制著傀儡手部的動作。替這種裝置作出一個哲學上的對比並不難，「歷史唯物論」這個傀儡也可以戰無不勝，它可以擊敗任何對手，條件是它向神學求助。對於後者我們知道它現在已是白髮蒼蒼，而且要隱沒於人前。

班雅明的〈歷史哲學命題〉開宗明義就提出歷史唯物論要借助神學才可以戰勝對手，究竟神學和歷史唯物論能否聯手？有沒有主次的問題？借助神學的歷史唯物論又是怎樣的唯物論？這些都是即時可以聯想到的問題，但如果期望班雅明會在文章裡面清楚說明問題，就只會失望。〈歷史哲學命題〉並不是一條一條論證清晰的命題，而是不斷借助比喻來說明幾個中心思想。比喻不離形象，在命題八裡，班雅明便用不斷堆積的廢墟作為歷史進程的形象。不單這樣，在命題五裡，班雅明更認為對於過去，我們能夠掌握到的就只有一些殘缺不存和稍瞬即逝的形象，而歷史唯物論的一項任務就是要保存過去的形象，讓它們不致一去不復返。換言之，對班雅明來說，形象的意義不只是比喻，更有可能是歷史的碎片；要探求的也就不只是形象背後的隱喻，更要將形象排比，以期重組失落的過去。

因此，〈歷史哲學命題〉（以下簡稱〈命題〉）雖然欠缺了一般論證應有的條理，但卻不表示它沒有思想內涵。另一方面，在致阿多諾夫人的一封書函裡，班雅明表示〈命題〉所表達的思想其

實是早在二十多年前，經歷第一次世界大戰洗禮之後便已形成。
班雅明寫道：

戰爭和接著的一連串禍患促使我寫下一些已埋藏了二十年的思
想，是的，這些年來我自己也沒有觸摸過……。即使今日我交給
你的也只是一束默然散步時收集的野草，多過是一組命題。此外，
這些思想仍是實驗性，本身不足以作為波特萊爾續篇的方法論。
這些思想使我相信自己會在記憶（和遺忘）的問題上，花一段很
長的時間。①

書函寫於一九四○年四月，〈命題〉於稍前寫成；那時納粹德國已
席捲歐洲大陸，班雅明也成了德國祕密警察追緝的對象。但寫成
〈命題〉卻不只是有感於納粹德國的壓迫，在命題八裡，班雅明
指出：「被欺壓者的傳統告訴我們，現時出現的『緊急狀態』不是
什麼例外情況，而是經常的。」(ILL p.259) 納粹的壓迫不但使班
雅明體會被欺壓者的境況，更使他明白到被壓迫者的傳統的珍貴。
在命題十二裡，班雅明說：「人或者是全人類都不是歷史知識的泉
源，只有鬥爭中的被壓迫者才是。」(ILL p.262) 納粹的壓迫使班
雅明對歷史本身有了新的體會，在同時期的筆記裡，班雅明提到
要對歷史進行一次哥白尼式的革命，他指出歷史的意義不在於過
去發生了若干和什麼事件，而是現在這一刻能夠容納多少過去的
映像②。在命題六裡，班雅明指出：「如果敵人還繼續勝利，即使

① | 引自 Lutz Niethammer, *Posthistoire*, London: Verso, 1992, p.103。
② | John McCole, *Walter Benjamin and the Antinomies of Tradition,* Ithaca: Cornell University Press, 1993, p.290.

死去的也會繼續被敵人鞭撻，而這個敵人仍未嘗一敗。」(*ILL* p.257) 成者為王，敗者為寇，戰敗的不但要退出歷史舞臺，連自己原有的腳本也會被燒掉，從此無戲可唱。十八年後又是一條好漢當然是自欺欺人的講法，「所有的統治者都是先前戰勝者的繼承人」(*ILL* p.258)，統治者都是一脈相承的。

　　班雅明的歷史革命的意義也就不在於探討一套歷史研究的方法論，而是首先要弄清什麼才算是歷史的材料。歷史不是一堆積存於資料館裡等待研究者閱讀發掘的材料；歷史也不是文明進程的總和，「每一件文明史的文獻也同時是殘暴不仁的統治的明證。而文獻由一個擁有者傳到另一個擁有者的過程也是充滿血腥的，一個歷史唯物論者也就盡可能避免接觸文獻了」(*ILL* pp.258–259)。換言之，歷史唯物論者不是也不應是專業歷史學家，他的唯一知識來自被壓迫者的傳統。但既是被壓迫者，這個傳統的知識也就只能是碎片、是殘像而已；這個傳統的知識也就必然是扭曲的。或許是基於這種見解，班雅明在命題一裡用了機械人的形象來比喻歷史唯物論；同樣的形象也被班雅明用來形容工人階級。就如卓別林的《摩登時代》，他同樣注意到工人在生產線上的工作是無意義的重複。班雅明這樣寫道：「機械化工序加諸工人身上的每個舉動和先前的動作並無任何關聯，原因正是每個動作都只是簡單重複著先前的一個。機械化工序的每項操作都是與其他工序隔絕的，就如骰子遊戲裡，不同投擲之間並無任何關聯一樣。」(*ILL* p.179)

　　雖然班雅明將歷史知識完全劃入受壓迫者的傳統裡，但他並不認為受壓迫者已成了革命主體，可以戰勝一切；相反地，他認為受壓迫者變成了機械人。不但如此，就連歷史唯物論——建基

於受壓迫者傳統的理論——也是機械人。在這個問題上，班雅明的見解跟盧卡奇在《歷史與階級意識》裡所提的「物化」概念和後來阿圖塞所提的意識型態理論有共通亦有不同。「物化」的概念融合了韋伯所說的「理性化」和馬克思所指的「商品化」概念。理性化的觀念的分析點在於人的行為和精神面貌，商品化的分析則揭示了社會的具體組織和社會關係逐漸決定於一種毫無依據的價值——交換價值。物化的觀念保留了馬克思的商品化分析，但在指出商品化的同時，人作為歷史的主體的觀念亦出現問題，當人的勞動變成商品，當人的勞動受理性化的規限而只剩下量化的價值時，歷史主體的稱號也就成了一種沒有指稱、空洞、漂浮的符號③。

　　盧卡奇的《歷史與階級意識》是第一部班雅明讀到的馬克思主義著作④；盧卡奇在提出物化的概念之餘卻認為由於無產階級是直接的生產者，勞動時間的長短對其他人或許就只有量的意義，但就無產階級而言，卻對生活質素、身體狀況構成直接的影響。由於無產階級在資本主義生產的過程裡變成生產資料的一環，這樣正好構成費希特所說有關主體的特點——打破主體和客體的規限；換言之，也就是有能力改變既有社會體制的革命主體。盧卡奇的理論秉承馬克思的政治經濟學的特質，就是在資本主義的生產體系裡，找出突破資本主義體系的缺口和動力；換言之，是要致力於改變現狀和為將來謀求幸福。班雅明所關心的卻只是過去，

③　關於盧卡奇的理論，參看 Georg Lukács, *History and Class Consciousness*, London: Merlin Press, 1971, pp.83 ff.。

④　Gershom Scholem, *Walter Benjamin: The Story of a Friendship*, London, 1982, pp.122–123.

在命題二裡，他說：「反覆思考的結果顯示我們對快樂的造像是完全受到我們身處的時代氣息所陶冶的，只有我們曾經呼吸的空氣，或曾打過招呼的人們，或是也許會委身下嫁的女人身上，才有可能找到那種令我們欽羨不已的快樂。」(*ILL* pp.255–256) 接著在命題三裡，班雅明說：「只有被救贖的人類才可以全盤接受過去的一切；換句話說，只有被救贖的人類才可以不怕忌諱，引述過去每一寸光陰的事蹟。」(*ILL* p.256)

　　和盧卡奇比較，班雅明顯然不認為在資本主義的既有條件底下，人可以認清自己的需要，取得幸福。班雅明的想法比較接近阿圖塞對意識型態的見解，後者指出即使在社會主義社會裡，意識型態作為一種象徵體系仍必會存在，而且繼續扮演一定的社會功能⑤。不過班雅明卻能避免墮入阿圖塞的科學和意識型態的二元論裡，班雅明沒有否定真理，他關心的是真理是會跑掉的，就如死去的人不一定從此免於苛政之苦。前文引述了班雅明致阿多諾夫人的一封書函，內裡除了講述寫作〈歷史哲學命題〉的原委之外，還提到班雅明自己相信會「在記憶（和遺忘）的問題上，花一段很長的時間」。雖然班雅明在寫了這段話不久之後便輕生，但他確已在記憶（和遺忘）的問題上，花了不少時間和功夫。書函裡提及的波特萊爾的論文〈波特萊爾的一些主題〉和更早之前的〈說故事的人〉便深入討論了記憶和遺忘的問題；這些問題自然也是歷史哲學或任何有關歷史的探討必然會觸及的問題。在盧卡奇所說的「物化」的世界裡，在阿圖塞的意識型態的五指山裡，班雅明認為唯一的希望就是救贖。他這種獨特的見解並不神祕，只要明白他在記憶和遺忘的問題上所花的時間。以下暫時放下〈歷

⑤｜參 Louis Althusser, *For Marx*, Harmondsworth: Penguin, 1969, pp.221 ff.。

史哲學命題〉的討論，檢討一下〈波特萊爾的一些主題〉和〈說故事的人〉。

〈波特萊爾的一些主題〉探討的是城市生活，隨著城市的興起，大多數人脫離了大自然而置身於一個完全人造的環境。即使是住慣都市的人，當他離開自己的居處，首次踏足另一個大城市時，就總會感到有如夢幻一般。雖然這種夢幻的感覺在熟習了環境之後就會消失，但是仔細地想，城市生活本身何嘗不是有如夢幻，至少是如夢初醒時的如幻如真。班雅明引社會學家薛姆 (G. Simmel) 的觀察：

看見而聽不見的人較諸聽見而看不見的人更為不安；這點也是大城市生活的大特色：人與人之間的關係越來越倚重眼睛而不是耳朵，原因主要是現代的運輸系統。在十九世紀的公共汽車、火車和計程車尚未正式確立之前，人們從來沒有試過置身於一個互相凝視而無需交換隻言片語的境況裡。(*ILL* p.193)

互相凝視而一言不發的後果就是儘量避免對方的凝視，或是令對方不知道被人凝視，換言之是偷窺；又或者是將目光變得呆滯，有如鏡片一樣。班雅明指出：「城市人的眼睛負起的保護作用明顯地是超出負荷。」(*ILL* p.193) 如果眼睛是靈魂之窗，它要保護的自然是使靈魂不受傷害。靈魂感到不安，除了因為見到但聽不到之外，除了因為見到卻要裝作沒有見到之外；更為了見過之後，此生就不會再見。默然凝視而一言不發的部分原因是後會無期，在都市生活，相見恨晚的情懷早被相見爭如不見的心態所淹沒。一方面，驚喜和新鮮的事物不斷湧現；但另一方面，這些都

只是驚鴻一瞥，轉瞬即逝。每個人都有如浮士德，跟魔鬼訂下盟約，一旦說留住不要走，靈魂就要交付魔鬼，從此不得安寧。都市的人群也和工廠的工人一樣，不可能將不斷湧現的事物組織起來。越多新鮮事物湧現，人們便越快忘記；原因不是貪新忘舊，因為根本不會有舊的。工人工作時的舉動雖然完全一樣，但之間卻毫無聯繫，只是與生產線上其他工人的舉動有關係；完全一樣的舉動變成嶄新的、獨立的舉動。

「路人所經歷的震驚與工人在機器旁的經歷是一致的」（*ILL* p.178），路人的經歷是怎樣的？班雅明說：「在鬧市裡穿插，吃驚和碰撞是免不了的。在危險的交會點裡，驚惶失措的電流便好像從一個電池不斷傳到身上。」（*ILL* p.177）機器生產之前的工人變成機械人，置身於大都市的人群裡，電流不斷從電池傳到身上的時候，機械人（即使是玩具機械人）的比喻也就最恰當不過了。不過，我們知道，工人和路人都不是機械人；班雅明的分析也沒有停留在機械人身上。在工人變成機械人這個現代寓言裡，班雅明領略到賭博的真義，亦指出了電影生產和工人生產的共通處。賭徒和工人當然是兩個極端，一個不事生產，一個為生產而受奴役。不過，就如南極和北極都是基於同一的磁場，工廠工作和賭博都同是永無休止、空虛、永遠都是一事無成。班雅明進一步指出：「賭博的姿勢其實就是工人在生產線上的舉動，賭徒的投擲就如工人的舉動一樣，每次都是獨立的，每次都是從頭開始；投擲與投擲之間是不會有任何關聯的。」（*ILL* p.179）如果將賭博視作消遣（有人甚至說小賭怡情），那麼人們的舉止，不論是工作或是餘閒都同樣被科技化的生產所操縱，電影也就在這種情況下應運而生。「在一部電影裡，震驚作為感觀活動的形式已被認定是製作

的原則。」(*ILL* p.177) 但班雅明沒有將人看成是單面人，也沒有將現代社會看成是地獄——一個永遠不能完成任何事情的地方，一個再沒有救贖的地方。班雅明的依據是在路人變成機械人的故事裡，其實有一段鮮為人談論的現代戀曲。班雅明引《惡之華》裡的一首十四行詩〈致一位擦肩而過的女士〉：

大街在我的周圍震耳欲聾地喧嚷。
走過一位身穿重孝、顯出嚴峻的哀愁
瘦長苗條的婦女，用一隻美麗的手
搖搖地撩起她那飾著花邊的裙裳；

輕捷而高貴，露出宛如雕像的小腿。
從她那孕育著風暴的鉛色天空
一樣的眼中，我像狂妄者渾身顫動，
暢飲銷魂的歡樂和那迷人的優美。

電光一閃……隨後是黑夜！——用你的一瞥
突然使我如獲重生，消逝的麗人，
難道只有在永生中，才能再見到你？

去了！遠了！太遲了！也許永遠不可能！
因為，今後的我們，彼此各走天涯，
儘管你或許知道我會對你鍾情！⑥

⑥ 中譯引自班雅明，《發達資本主義時代的抒情詩人》，張旭東、魏文生合譯，北京：三聯書店，1989。

　　班雅明指出儘管這首十四行詩完全沒有提過大都市的人群，但整首詩的展現是由人群所推動，一如帶著神祕面紗的女士被人群簇擁著，突然在詩人眼前出現。在這首詩裡，人群不是敵對和惡毒的；只有大都市的人群才能突然間帶來一個令人著迷的軀體。「路人所經歷的震驚與工人在機器旁的經歷是一致的」這句話卻仍適用，因為「城市詩人所經歷的戀情並非一見鍾情，而是一見永別。在詩句裡著迷的剎那也就是永遠的告別」(*ILL* p.171)。即使人群或許還會帶來另一次類似的邂逅，但每一次相遇就如工人的舉動一樣，即使境況完全相同也不會有任何聯繫。波特萊爾的詩句所說明的便不只是一些令人震驚的事，而且更交代了人們的情緒起伏。詩人說自己像「狂妄者渾身顫動」，班雅明指出：「這不是一個每寸肌膚被愛慾洗滌的人的反應，而是一個長期孤獨的人突然接觸到性的反應 ； 這樣的都市戀曲還是讓它隨風消逝好了。」(*ILL* p.172) 在文學史上，果戈里的〈涅瓦大街〉("Nevsky Prospekt") 便描述同樣的、由都市人群玉成的邂逅，當事人為求情花能結果，不惜冒昧一直跟著眼前的玉人直至家門。事主竟被邀請入內，這事當然不會發生在正當的人家裡，當事主發覺真實的情況時，浪漫的邂逅便成了一場惡夢⑦。

　　對班雅明來說，波特萊爾詩歌的意義在於詩人不但將剎那的觀感提升為刻骨銘心的經歷，而且更以詩句紀錄下來，成為可以薪火相傳的生活體驗。不過這種體驗的本質就只能恍似人面桃花；花兒依舊笑著，人面卻不知何處去。更確切一點說是人面桃花相映紅的情景根本不曾發生，又或者是共剪西窗燭時卻沒有共同話

---

⑦　Nikolai Gogol, *The Complete Tales of Nikolai Gogol*, Vol.1, Chicago: University of Chicago Press, 1985, pp. 207–238.

題，巴山夜雨就只是攝影機拍攝得來的照片。震驚成為感觀活動的形式，因為工廠工人經歷的，路上行人察覺的都只是分崩離析的生活的碎片。震驚過後還沒有完全麻木的人也只能感嘆「去了！遠了！太遲了！」失落的感覺成了唯一的生活體驗⑧。失去的不是令人眼前一亮的魅影，因為帶來魅影的人群本身亦有如魅影；大都市的人群是不會失去的，即使人群消失，人群的魅影卻沒有消失。午夜的中環只有死寂，沒有寧靜。失去的是群體生活的共同經歷和共同記憶。

前文提過班雅明認為歷史的意義不在於過去發生了若干和什麼事件，而在於現在這一刻能容納多少過去的映像。班雅明又說：「如果這個世代不能從過去的映像裡找到切身利益所在，那麼過去的映像也會從此消逝。」(*ILL* p.257)「歷史唯物論希望保存的，是那些在危急關頭裡出現於歷史所揀選的人之前的過去映像。」(*ILL* p.257) 班雅明在逃亡中，在輕生前的數個月還說自己將會繼續為記憶和遺忘的問題費神，他所說的危急關頭也就應是指記憶消亡這點。這種處於危急關頭的記憶不只是集體的記憶，而且是能夠從過去的映像裡找到切身利益所在的記憶，換句話說是傳統，因為傳統並非一般過去的事物，而是那些我們這個世代認為與切身利益攸關的過去事物。更確切的說，傳統之所以是傳統，不是因為它屬於過去，而是因為它屬於現在。此外，傳統必須基於群體的共同生活體驗，而工人階級作為一個群體卻不可能有共同的生活體驗。如果工人階級屬於歷史揀選的人，那麼要做的也就是保存過去的映像。

---

⑧ ｜ Andrew Benjamin, "Tradition and Experience", in Andrew Benjamin ed., *The Problems of Modernity*, London: Routledge, 1989, p.128.

　　在〈歷史哲學命題〉裡，班雅明便批評社會民主黨人將工人階級看成是未來世代的拯救者，他認為馬克思所說的工人階級是「最後的受奴役的階級，也是以世世代代受欺壓者之名而完成解放任務的報復者」(*ILL* p.262)。但對班雅明來說，工人階級的力量不可能來自工人的工作，因為工人的工作已跟生活體驗隔絕。班雅明一方面認同馬克思對工人階級作為歷史的動力的信念，但另一方面他將工人階級的力量來源從生產體系的位置轉到工人階級作為受壓迫者的獨特史識上面。「不是人或人類，而是鬥爭的受壓迫者才是歷史知識的泉源。」班雅明所指的歷史知識當然不是什麼偉大文明的知識，而是往昔世代受壓迫者的映像的知識。這種知識也就是文明史所掩蓋和踐踏的。和文明史相比受壓迫者的傳統是暗淡的、是不見光日的、是特別脆弱的。「如果敵人還繼續勝利，即使死去的也會繼續被敵人鞭撻，而這個敵人仍未嘗一敗。」楚漢相爭其實只是統治集團內的爭奪，因此楚軍雖敗，未能稱霸，但文明史裡卻還可以高唱霸王卸甲；陳勝、吳廣削竹起義之鬥爭卻無戲可唱，即使勉強唱了也不會列入文明史的典籍裡。

　　班雅明的歷史唯物論是獨特的，他一反其他馬克思主義者將工人階級看成是嶄新的歷史條件底下形成的新事物的理解，他認為工人階級是世世代代受欺壓者的最後繼承人。這樣一來，工人階級的歷史角色在本質上跟其他人並沒有分別。在命題二裡，班雅明說：「我們和過去的世代之間其實有一個祕密協議，我們的來臨是早有安排的。就如以前的每一個世代一樣，我們同樣接受了救世主微弱的力量，而往昔的歲月有權要求我們善用這種力量，歷史唯物論者亦深知這種權利是不能輕輕推卸的。」(*ILL* p.256)對班雅明來說，工人階級繼承了受壓迫者的傳統，他們了解到只

要世上仍存在恃強凌弱的壓迫，緊急的狀況便一日不能解除。同樣，這個世代的人如果知道我們和過去之間的祕密協議，也就知道我們是由歷史的傷口流到這個世界，用以包紮治療傷口。工人階級可能仍是最醒覺的一群，但歷史唯物論卻不限於表達工人階級的階級意識，歷史唯物論者亦得知每個人都是被揀選，每個人都接受了救世主微弱的力量。

無可否認，班雅明的思想確是帶著不少神祕色彩，但卻絕對不是故弄玄虛。一個人如果失去記憶，那麼一切的事物都立即顯得神祕；〈歷史哲學命題〉的立論甚為神祕，是否因為這個世代的人都失去記憶？班雅明在輕生之前還在想著記憶的問題，在〈波特萊爾的一些主題〉裡，他分析了分崩離析的社會生活（包括在工廠工作、在街上遊蕩以至賭博消遣）使人們無法將眼前事物串連起，也就無法交流生活體驗。造成薛姆所說的「人與人之間的關係越來越倚重眼睛而不是耳朵」的原因也就不只是現代運輸系統的興起，而是社會生活的整體。傳統的延續卻必須要靠耳朵，當人們不再用耳朵（即使用也聽不到）的時候，傳統也就瓦解了。〈說故事的人〉雖然只是分析一種傳統──說故事的傳統──的衰亡，但已足以使人們明白失去的是不可能彌補的，因為失去的不是別的，正是人們的集體記憶。

在〈說故事的人〉一文裡，班雅明一開始便指出說故事似乎已越來越困難，他將原因歸咎於人們已不再重視經驗。班雅明所說的經驗有別於個人的經歷，從〈波特萊爾的一些主題〉我們知道現代社會的個人經歷是分崩離析的，不可能與別人溝通，因為別人是不會感同身受的。班雅明所說的經驗不但可以溝通，更可以轉述，也就可以編織成為故事。故事的特徵除了是可以說出來

之外，說故事的人往往只是複述聽來的故事。因此說故事是一種技藝而不是一種技巧，前者需要學藝者浸淫於一個特定的群體中才可以學到，後者則可以從多種渠道獲得。說故事的先決條件是一個聆聽的群體，而這個群體的形成又決定於一個主要因素——距離，包括時間和空間上的距離。班雅明引用了一句德國諺語：「當人們踏上旅程，他便有東西要說。」空間上的距離令人憧憬著遠方來的客人必會有值得一聽的故事；時間上的距離同樣賦予地方上的長者說故事的權威。

　　說故事的衰亡並不只是一種藝術形式的消失，甚至不只是一種生活方式的消失。班雅明不是一個浪漫主義者，他深知失去的是不可能復得的。即使他致力保存過去的映像，但他對過去的緬懷不是因為過去的事物保存著作為古董的價值，而是因為過去的映像，縱使是零碎、散亂，也有可能是砌圖遊戲裡所欠缺的最後的一塊碎片。古人說：「鑑古知今」，如果過去是一面鏡，那麼班雅明以至他筆下的歷史唯物論者所要保存的過去映像也就只是鏡子的碎片，其作用不在於照亮現在這一刻，因為這一刻也不過是一堆碎片而已。班雅明不是一個浪漫主義者，但他認同浪漫主義者如歌德，對知識整合的要求⑨。在〈說故事的人〉一文裡，他指出說故事的衰亡其實代表著智慧的消失，因為「忠告和具體生活編織在一起就是智慧」（*ILL* pp.86–87），一個人如果想獲得忠告，首先要將自己生活境況訴說出來；不只這樣，班雅明認為即使提出忠告時也不在於提出答案，而是「對一個剛開展的故事作出如何發展下去的建議」（*ILL* p.86）。說故事根本就是溝通人生體

---

⑨　Allegra De Laurentis, "A Prophet Turned Backward", in *Rethinking Marxism*, Vol.7, No.4, New York, 1994, pp.28–43.

驗，班雅明指出說故事的目的不是提供「事物的本質，像提供資料或報告一樣；而是將事物浸淫在說故事的人的生命裡，好使有朝一日他會把它們再拿出來。因此，故事必會佈滿說故事的人的足跡，就如陶瓷器皿佈滿了匠工的指印一樣」(*ILL* pp.91–92)。

對於說故事的衰亡，班雅明認為最令人惋惜的是真理不再可以世代相傳了，因為智慧就是真理可以述說的一面 (the epic side of truth)。班雅明從來沒有否定真理的可能，他關心的是當真理不再可以世代相傳的時候，人們的生活會變成什麼樣子；部分答案可以在資訊事業的興起裡找到。資訊事業的興起也代表著一種新的溝通形式的出現，即所謂大眾傳播的形式。如果說故事必須建基於距離（時間或空間），大眾傳播則取消了距離，不只是空間的距離，也是時間上的距離。「資訊的價值只限於它是新聞的一刻，它只能在那一刻裡生存。」(*ILL* p.90) 班雅明亦引用了一本法國雜誌編輯的說話：「對我的讀者而言，拉丁區的閣樓小火比馬德里爆發革命更重要。」(*ILL* pp.88–89) 班雅明繼續說：「這便清楚說明引起關注的不再是遠方傳來的情報，而是打開鄰近事物的話匣的訊息。」(*ILL* p.89) 班雅明沒有解釋為什麼鄰近的事物需要外來的訊息來打開，其實也不用解釋，距離賦予說故事者說故事的權威，亦凝聚了聆聽的群體；沒有距離便沒有權威，也沒有聆聽的群體，鄰近的事物也變得陌生。

從真確性方面考慮，班雅明認為資訊和來自遠方的情報其實並沒有分別；不同的是二者之間的表達形式。說故事當然要加以潤色，即使提到一些令人難以置信，近乎奇蹟的事情時也無損說故事者的權威。資訊則儘量要顯得可信，因此即使是一段簡單，好像是自明的資訊也會加添了一定的解釋。資訊事業的興起也就

令到說故事窒息而死，班雅明這樣說：「每天早晨都會帶來世界各地的消息，然而值得一提的故事卻有如鳳毛麟角，因為不再有任何事件是不加以解釋地傳到人們的耳朵裡。換言之，在目前的情況下，幾乎沒有一樣事情是有助說故事的，所有事都只是利於傳播訊息。說故事的藝術一半在於令到故事完全不涉及任何解釋。」(*ILL* p.89) 新聞變舊聞便一文不值，故事卻可以傳誦千古。訊息最好是第一手，因為有以訛傳訛的問題；故事卻不存在這種局限，很多故事都是經過一個長時期的口傳階段，才被人用文字記錄下來。口傳就要靠記憶，但不是強記。班雅明強調故事的聽眾必須處於精神鬆弛的情況下，才有可能把故事記下來。「假如睡眠是疲倦的身軀得到休息的頂點，無聊則是精神鬆弛的最高境界。無聊是夢中替人生體驗的卵子孵化成形的雀鳥，些微的風吹草動便會飛走。它的巢穴——與無聊關係密切的活動——早已在城市裡絕跡，即使在鄉間也越來越少了。」(*ILL* p.91)

　　什麼是與無聊有密切關係的活動，稍後再討論。要強調的是班雅明認為故事被記下來的過程不是刻意的，也不是為了一些明確的目標。雖然故事提出一些忠告，但卻不是問題的答案，而是和生活有關的一些建議。故事被記下來的意義也就在於聆聽者把故事和自己的生活體驗連結起來；因此，故事越精簡，不作累贅的心理解釋，也就越容易被聆聽者吸收。不過，即使是最精簡的故事也不會被記下來，如果聆聽的客觀條件——無聊——不再存在。今日，無聊二字就只有負面的意義；對於班雅明來說，無聊是手工藝生產裡的副產品。手工藝生產裡的工匠不但自己控制了工作節奏，而且可以累積經驗。庖丁解牛的神乎其技也就是工匠的經驗累積達到一個工作時亦不用記掛著工作的境界，對那些經驗

豐富的工匠而言，也就沒有工作和餘閒的區別，生活也就變得「無聊」⑩。

　　很明顯，說故事的衰亡反映了社會生活的重大改變；最重要的改變莫過於傳統的散失。「記憶創造了傳統的鏈帶，從而把一件事情一代一代的傳下去。」(*ILL* p.98) 值得注意的是班雅明所關心的不是所謂傳統價值崩潰，價值既然是抽象的，也就不會崩潰；崩潰的是傳統賴以一代傳一代的鏈帶。美國的共和黨人驚呼傳統價值崩潰，他們要以律令來振興傳統價值。傳統是不能強加的，統治者的意識型態則可以。說故事的傳統清楚說明傳統的形成不是刻意的，也不是針對任何目標。傳統是特定生活境況下形成的生活體驗，傳統的傳遞也只能以交流生活體驗的形式。現代社會生活既然是分崩離析，人們也就難以掌握真確的生活體驗。在智慧失傳，人們無法將當下的觀感和零碎的經歷串連起來時，追求利益成為人生的目標也就不難理解。在〈歷史哲學命題〉裡，班雅明嚴厲批評進步論的一個原因就是這種論調只是以「征服大自然作為進步，卻無視社會的倒退」(*ILL* p.261)。對班雅明來說，社會最大的倒退莫過於說故事這樣的社會機制的衰亡，因為這種機制不只將累積而成的人生智慧薪火相傳，而且在傳遞的過程裡，由說故事的人不斷注入新的生命。這樣累積而成的傳統也就必定屬於現在，也就有如空氣一樣，是生命的必需品，卻也是人們鮮會察覺的。至於班雅明提供的意象則是一條階梯：

所有偉大的說故事者都能夠在他們的人生體驗的階梯上來去自

⑩　關於「無聊」(Boredom) 的討論參看 Siegfried Kracauer, *The Mass Ornament*, Cambridge, Mass.: Harvard University Press, 1995, pp.331–336。

如。一條向下伸展至地心又高插入雲的階梯就是集體經驗的意象，即使死亡這種在個人經歷裡最震撼的衝擊也不能在階梯上設置障礙。(*ILL* p.102)

　　一條高插入雲的天梯，但又向下伸展至地心（也就是陰曹地府）的階梯即使還完整屹立，也不會再有人願意或能夠由底到頂（或相反）走畢全程。在〈波特萊爾的一些主題〉裡，班雅明透過都市人群的分析，指出現代生活的一種特質就是要避免震盪。即使人們遠離鬧市遷到郊野，過其田園生活；但骨子裡的自我保護、避免震盪的意識卻不能離開，遷離的舉動不也是避免震盪嗎？但曾幾何時連死亡這種在個人經歷裡最震撼的衝擊也不是問題，其中的分別在於集體的生活經驗是否足以抵消個人經歷的震撼。人雖然是群體的動物，但集體經驗卻不是必然存在的，因為集體經驗是只能依靠記憶來傳遞。班雅明指出：「記憶最能表現史詩的功能，只有透過一種沒有選擇性的記憶，史詩才可以一方面把事件的軌跡記錄下來，而另一方面隨著事件的消逝，跟死亡和解。」(*ILL* p.97) 沒有選擇性的記憶才可以跟死亡和解，因為如果記憶只集中在人生美好的一面，如果記憶只是對統治者歌功頌德，死亡也就只有絕對負面的意義。從時間的角度而言，當記憶變成有選擇性時，時間也就分成不同的領域：即如美好時光和不堪回首的日子；死亡也只不過是在分割的時間上再加以無情的割切而已。

　　選擇性的記憶是刻意的，沒有選擇性的記憶卻是不經意的；像說故事就是在不經意之間記下來，不只記下來還會複述。整個過程是自發的，又跟特定的社會環境融和一起（聆聽的群體）。中國詩論裡有言志和載道之分，前者也強調自發的特質。班雅明的

理論使我們知道曾幾何時言志和載道不但可以並行，而且同出一源。也只有載道與言志同出一源時，道才不致成為統治者的工具。更重要的是這個源頭不是桃花源，也不是伊甸園；在說故事裡，班雅明相信自己找到這個早已枯竭的源頭。另一方面，源頭即使枯竭，但昔日的滾滾流水或許仍餘下點點滴滴仍未蒸發殆盡；在波特萊爾的詩行裡便隱然保存了舊日水紋的痕跡。

穿過古老的郊區，那兒的房子
懸吊在傾頹的房屋的窗上，隱瞞著
鬼鬼祟祟的快樂；當殘酷的太陽用雙倍的光線
抽打著城市和草地，屋頂和玉米地時，
我獨自一人繼續練習我幻想的劍術，
追尋著每個人角落裡的意外節奏，
絆倒在詞上就像絆在街道的鵝卵石上，
忽然會想到一些我夢想已久的詩句。

班雅明認為這首詩是整部《惡之華》中唯一表現詩人怎樣在現代都市裡寫詩；詩人以劍擊來比喻自己的工作，練習的場所卻是空曠的街道。這不是偶然的，班雅明指出：「詩人用以前進的街道儘管是空曠，但背後的隱蔽意義（也同時顯示了那節詩句最深藏的美態）很可能是這樣：詞語、片言隻字和句子的開端所組成的幽靈一般的人群就是詩人要奪取詩的戰利品的對手。」(ILL p.167) 波特萊爾的例子雖然說明在鬧市的人群裡，詩人仍可以創作，但卻必須首先將人群無意義的碰撞，將默然的凝視，將驚鴻一瞥的瞬間戀情轉為詩人自己的深切的生活體驗。如果優游的生

活節奏（生產者自己掌握著工作的方式和節奏）是說故事的自然
環境，都市的喧鬧則是化腐朽為神奇的詩作的土壤；但卻不是自
然的土壤，而是詩人按捺不住厭煩焦躁的心情而鑽入的泥濘。「對
波特萊爾來說，頭戴光環的吟詠詩人早成了老古董。」 (*ILL*
p.195) 在波特萊爾死後被發現的手稿裡，有一篇題為〈失去的光
環〉的散文詩：詩人在擠塞混亂的都市裡舉步維艱，頭上的光環
滑落在泥濘的路面上。詩人索性由它掉了，他想到自己可以從此
隱姓埋名，自我放縱，做一個普普通通的人。在頭戴光環的詩人
和普通人之外還有一個波特萊爾，他沒有光環可拾；因為他整個
掉入泥濘裡。

　　「他（波特萊爾）指出了現代人所付出的代價：在驚慄的經
歷裡，事物的氛圍已四散了。他自己亦因為認同氛圍的散佚而付
出了高昂的代價，但這是他的詩歌的法則。」(*ILL* p.196) 這也是
班雅明對波特萊爾的結語，有關氛圍的理論，以後的章節會深入
討論。簡單地說，氛圍代表著物品生動靈活的一面，代表著物品
仍未變為死寂的客體。氛圍是物品回敬人們的凝視的能力。氛圍
的散佚是傳統失傳在物品身上的具體表現；氛圍的散佚也就是符
咒失效。但這道失效的符咒並非加在物品身上，而是加在人身上。
解咒可以是解放，但從此人要面對自己的局限，不可能超越；更
嚴重的是從此人要生活在一堆沒有靈性的物品裡。生活從此單調
乏味，波特萊爾說：「鍾愛的春天，失去了芳香。」春天失去芳香
可以有多個理由，樹木全砍了，花兒的芳香勝不過仕女們的脂粉；
但找出原因並不重要了，亡羊補牢亦無濟於事。即使春天又再來，
但壓根兒不曾體驗春天的味道的人又何以知道春天到來？春天失
去芳香之後，四季的更替便也無甚意義：時間變成劃一和空洞。

夜店、二十四小時服務、夜總會、卡拉 OK，這些都是大都市的標誌，黑夜本身也就在黑夜消失了。黑夜消失之後還會有白晝嗎？本來春天已在日曆上安排妥當，曆法是人類社會最早傳下的一種傳統，班雅明指出日曆的功能就是「將性質的認識和量計的結果結合起來」（*ILL* p.186）。不曾嗅過春天的芳香的人，日曆所作的量計也就不再有性質的意義了，他們也就如同「被擇出日曆去」（*ILL* p.186）。同樣被擇出日曆去的還有假日的鐘聲：

突然間那些鐘憤怒地向前跳躍
向天空投下可怕的謾罵
像遊蕩著的無家可歸的靈魂
破碎成頑固的哀號

平安夜，不願歸家亦不願踏足教堂的人也像遊蕩著的無家可歸的靈魂。假日的原意是緬懷過去，是紀念的日子。假日的鐘聲為什麼會變成可怕的謾罵？班雅明認為鐘聲和人一樣也同樣被擇出日曆去了，而我們知道假日的意義只在於有薪或無薪，除了這個分別之外，假日便只是空洞的時間。假日所要紀念的過去就只餘一些殘存的映像；而這些映像不是立刻就可以被認出，必須將映像的整個上文下理擺在現在的時刻裡。班雅明提到映像包含了一套歷史索引來說明問題：

映像含蘊的歷史索引不只說明映像屬於某段時間，更重要的是指出映像必定在某個特定時刻才會清晰可讀。這個「到達可讀」的一點也是映像本身內部動向的一個特別和重要的一點。現在的每

一刻是決定於那些與現在並列的映像，現在也就是現在的特定情
況下能夠認得出來的現在；當中真理被時間擠得差不多要爆裂。⑪

班雅明的獨特史觀絕對不是標奇立異，他的見解和知識論裡所說
的知識爆破可以相提並論，歷史的真理不盡是藏於文獻裡，而是
決定於這一刻所能容納的過去影像是否足夠讓真理脫繭而出，一
如夜觀天象的人對星座的構想是決定於有多少顆星能被看到。班
雅明在輕生之前還說要為記憶和遺忘的問題花時間，因為這些問
題關聯到歷史知識是否仍然可能，是否可以脫繭而出。其實在〈說
故事的人〉和〈波特萊爾的一些主題〉裡，班雅明已得出一些結
論：作為傳統的鏈帶的記憶已煙消雲散，大城市的生活令人視而
不見，見而不談，人生體驗的交流再不是生活的一部分。在這種
情況下，過去的真相當然不會輕易呈現於人前，更何況還有政治
壓迫的問題。

　　在〈說故事的人〉和〈波特萊爾的一些主題〉裡，班雅明並
沒有討論記憶消亡、傳統失散、經驗崩潰的政治影響；〈歷史哲學
命題〉則嘗試面對這個問題。在這篇遺作裡班雅明指出：「把過去
的歷史表述出來的工作不在於認出『過去的本來面目』(蘭克語)，
而是要抓緊那片在危急關頭裡突然燃亮起來的回憶。……這個危
機同時影響著傳統的內容和其接收者。二者都面對同樣的威脅：
即變成統治者的工具。在每個年代裡，人們都必須重新嘗試將傳
統從人云亦云的情況下奪取過來。」(*ILL* p.257) 班雅明注意到發
自生活的傳統雖然失傳，但統治者的傳統卻仍是矗直的屹立，「所
有的統治者都是先前戰勝者的繼承人」，更嚴重的是，「如果敵人

⑪　｜ 引自 John McCole, 1993, p.290。

還繼續勝利，即使死去的也會繼續被敵人鞭撻，而這個敵人仍未曾一敗」。統治者的傳統不只源遠流長、綿延不絕，而且不斷侵吞死去但發自生活的傳統，後者及其接收者也就受淪為統治者的工具的威脅。過去也就早已面目全非，建立歷史知識的工作也就不可能是認出「過去的本來面目」，而要靠回憶。但不是刻意的回憶，因為「過去的只能從映像裡捕捉，而個別的映像只會在特定的瞬間，當人們可以識別時才會燃亮起來，之後便永不重現」(*ILL* p.257)。

到這裡，歷史唯物論和神學結盟的主張的原委已十分清晰，神學討論的對象是啟示，啟示不只是稍瞬即逝，而且要在特定的環境、特定的情況和對特別揀選的人顯示。「歷史唯物論希望保存的是那些在危急關頭裡出現於歷史所揀選的人之前的過去映像。」班雅明所理解的歷史唯物論至少在方法論上與神學是類似的，情形有點像新教倫理和資本主義理性化的精神。不過後二者都是建基於（至少是理論上）一套超凡脫俗的苦行精神，而神學和歷史唯物論之間始終存在神聖和俗世的鴻溝。重現過去映像即使有如啟示，但卻只是俗世化的，完全是人類歷史之內的；更重要的是無需假定是神向人啟示。對於班雅明來說，重現過去的映像有若發現星座，觀天者必須將天象和自己的命運連結起來才有可能發現星座。因此「這個世代如果不能從過去的映像裡找出切身利益的所在，那麼過去的映像也會從此消逝」。為了這個緣故，班雅明又說：「過去的日子藏著一套參考索引，索引的指稱則是救贖。」(*ILL* p.256) 但救贖的意義不一定是贖罪，古時在戰爭中被俘虜的人也要等待家人救贖，他們的錯失就只是戰敗；等待救贖的過去日子也只不過是戰敗的俘虜。只是成者為王，敗者為寇，戰敗者

必定成為千古罪人。這樣一來，這個世代便只能作出有選擇性的記憶和生活有選擇性的道德。在〈卡夫卡〉一文裡，班雅明指出：「沒有人認為救世主的使命只是要改變空間裡的扭曲，當然更有時間上的扭曲的問題。」(*ILL* p.135) 如果空間的扭曲是被逐出樂園，那麼時間上的扭曲則是被逐出過去；換言之，救贖過去的日子就是救贖全人類。在命題三裡，班雅明說：「只有被救贖的人類才可以全盤接受過去的一切；換句話說，只有被救贖的人類才可以不怕忌諱，引述過去每一寸光陰的事蹟。」(*ILL* p.256)

　　班雅明倡議歷史唯物論和神學結盟的基礎也就不限於方法論上的共同點，救贖不在於重返伊甸園，也不在於發現一個與世隔絕的桃花源，而是在於把過去帶回來，更確切的說是將時間靜止。當人們可以全盤接受過去，可以不怕忌諱引述過去每寸光陰的事蹟時，現在也就變成過去的整體，過去的也就沒有過去，一切都是現在：「君問歸期未有期」。時間的劃分只是人為的，不能克服它，巴山今夜下雨也就會漸漸變為時間上的一點，而且會越來越渺小，最後完全消失。在命題十四裡，班雅明這樣寫：「歷史的主題是一座結構，它的地基不是劃一而空洞的時間，而是被這一刻傾注的時間。」(*ILL* p.263) 在〈波特萊爾的一些主題〉裡，班雅明指出：「在日常生活裡接觸到的事件，震撼的元素越多，人們的自我保護意識也會越強，日常生活接觸到的事件也就極少構成生活體驗，而是被磨損至時間上的一點。」(*ILL* p.165) 很明顯，歷史是不可能建構在這種被磨損至時間上的一點的事件上。歷史是記憶，我們也知道「記憶創造了傳統的鏈帶，從而把一件事情一代一代的傳下去」。因此歷史的時間必須是被這刻傾注的時間，歷史討論的是過去，但只是被這一刻所傾注的過去。在命題十六裡，

班雅明指出：「一個歷史唯物論者不可能不借助這種見解，即現在並非過渡，而是時間靜止不再向前的一刻。因為這種見解亦同時界定了寫歷史這一刻的意義。」(*ILL* p.264)

很明顯，班雅明心目中的神學和歷史唯物論與一般的理解並不盡同。班雅明的神學是「白髮蒼蒼，隱沒於人前的」。年紀老邁或者是生活逼人都會令人白髮蒼蒼，但為什麼要隱沒人前呢？或許神學作為一個人神交往的故事已隨著聆聽的群體的消失而顯得不足信，故事或許被保存，但故事本身的智慧，它對生活的忠告已無人知曉。但神學要隱沒於人前的另一個原因很可能是命題九裡的歷史天使的際遇：

在保羅・基爾的一幅油畫上面，畫了一個天使。他的神情好像是快將離開一樣他已注視很久的東西。他的雙目凝視，口兒張開，翅膀亦豎起。相信歷史天使也是這樣的吧：歷史天使向著過去，那裡人們見到的是一連串的事件，他見到的卻是一次大災難，廢料和灰燼仍不斷堆積，甚至堆到天使的腳底。天使很想留下，喚醒死去的和重整所有破碎的事物。只是一場風暴正從樂園吹來，將天使的翅膀吹得無法閉起來。風暴以不可抗拒的力量將天使推向他本是背著的將來，而他面前的廢物則漸漸堆積到天上。這場風暴就是我們所說的進步。

神學要隱沒於人前，因為作為人神交往的中介──天使──已不能取信於人了，「人們見到的是一連串的事件，他見到的卻是一次大災難」。更嚴重的是連天使也不安於位，不再想當天使；他厭倦當信差，跑來跑去。他很想留下，他想自己做點事，「喚醒死去的

和重整所有破碎的事物」。換言之，他不想再傳達一些關於未來的信息，或許為了這個緣故，他被樂園的風暴推向未來。情形如果是這樣，神學也變成未來學，啟示被磨損至時間上的一點，原有的真確歷史經驗也完全喪失。

　　神學也就有如失去光環的詩人，從此隱姓埋名。至於歷史唯物論，為什麼會是個機械人？當工人階級淪為生產線上的一個機械人時，作為表達工人階級的希盼的歷史唯物論也就必然失去生命。但從最淺顯的層面而言，二次大戰前由社會民主黨人所代表的歷史唯物論正是不折不扣的機械人。另一方面，史達林出賣原則，與希特勒結盟的舉動就如同切斷了已成了機械人的歷史唯物論的電源，變成要以繩索來操控。換言之，歷史唯物論借助神學的作用首先在於自救。在命題十至十三的四條命題裡，班雅明抨擊的就分別是社會民主黨的理論和史達林主義，但班雅明抨擊的矛頭卻是二者相同的歷史觀——進步論。在命題八裡班雅明指出：「法西斯主義得以壯大的一個原因，就是反對它的人誤以為這是歷史進程裡的一種規律。」(*ILL* p.259) 然後在命題十三裡，班雅明說：「社會民主黨人的理論，更甚者，他們的實踐，都是基於一種教條的，與事實相違的進步觀。」(*ILL* p.262) 對史達林主義的批評則集中在命題十裡，班雅明沒有直呼史達林的名字，他用「那些政客們」來代替。他說：「那些政客們對進步的頑固信念，他們對『群眾基礎』的信心和對失控的機制的臣服都是同一事物的不同層面而已。」(*ILL* p.260) 我們已知道進步論就是由樂園吹來的風暴；換言之，歷史唯物論和神學都要面對進步論這個敵人。

　　因此，從方法論、歷史觀以至彼此面對的對手，歷史唯物論和神學都有足夠的合作基礎。問題是二者合作戰勝對手的客觀意

義又如何？班雅明的主張是否只是適用於二次大戰的獨特歷史條件下？九〇年代的這一刻是否仍可以容納歷史唯物論和神學合作這個形象？二〇〇五是納粹戰敗五十週年，史達林主義崩潰也有五年，而社會民主黨亦早已不再是工人階級的代言人了。不過被欺壓者的傳統告訴我們，班雅明當時出現的「『緊急狀態』不是什麼例外情況，而是經常的」。班雅明亦說過，要有效地對抗法西斯主義，首先要實現一個真正的緊急狀態 (*ILL* p.259)；然而這個真正的緊急狀態卻從來沒有實現，我們也就有理由擔心法西斯主義是否真的戰敗了。可以肯定的是，令法西斯主義壯大的進步論仍是如日方中，案例不用外求；不少原則上反對獨裁政權的人，卻因為眼見現時大陸的經濟開放政策（只是經濟，不涉其他）確是促進了經濟發展，因而相信獨裁政權是歷史進程的一種規律，無需以實質行動反對。不過進步論絕對不是一種一廂情願的想法，而是一種特定的歷史時間觀念。班雅明指出：「人類歷史會不斷進步的概念和人類歷史是在一種劃一的和空洞的時間領域進行的概念是不可分割的。」(*ILL* p.263) 我們亦知道，進步論只是以人控制大自然的能力來判斷問題，忽視社會出現倒退的可能。換言之，進步論是一種高度簡單化的歷史觀，同時也是一種無法證明是錯誤的觀點；因為未來是無窮的，進步論永遠會有一個未來來自圓其說的。

　　班雅明認為要批評進步論，首先要批評劃一和空洞的時間觀；這種時間觀其實也是歷史主義的基本假定。有了這個假定，歷史主義論者才可以那麼自信，認為史學家可以重活過去。他們所穿過的時光隧道就必須是空洞、沒有阻力的；這樣的一條隧道不可能是天然的，而是由歷代的統治者開鑿貫通的。歷史主義論者重

活過去的方法是靠感同身受，班雅明問：「與誰人感同身受？答案必定是勝利者。」(ILL p.258) 在命題十六、十七和十八裡，班雅明反覆討論歷史唯物論和歷史主義的分別。他指出歷史主義提供了一個永恆不變的形象來描述過去，又將過去的事件的因果關係清楚排列，然後像念珠般串起來。至於歷史唯物論則對過去提供一次獨特的接觸，獨特之處在於放棄了現成的時光隧道，選擇翻山越嶺的崎嶇路途。就如說故事一樣，雖然故事大抵相同，但每次複述都會染上說故事者的生活體驗；翻山越嶺的旅途也就每次都不同。對於歷史主義來說，過去就只是時光隧道的另一端；班雅明構想的歷史唯物論並沒有一個固定的目的地。班雅明指出：「史實之為史實不是因為它是某些事件的起因，而是透過若干年後，可能是數千年後，所發生的事件，才令史實在死去之後成為史實。」(ILL p.265)

　　表面上，班雅明的見解好像是主張歷史相對主義；在命題四裡，他便寫道：「有如向日葵一樣，過去也一樣由日光帶動，必然是向著歷史天空中的太陽。」(ILL p.257) 另一方面，班雅明亦不斷強調鬥爭中受壓迫的階級就是歷史知識的泉源：工人階級的力量源於他們是最後的受奴役階級，他們繼承了受壓迫者的史識和傳統。也是這個傳統告訴班雅明所謂文明社會其實無時不處於一種緊急狀態，班雅明的相對主義也就只是針對歷史上的統治者所創造出來的歷史。統治者不但征服遼闊的領土，而且也征服了領土內各民族的歷史，將不同的歷史劃一起來；這也是歷史主義者所鑽入的時光隧道。班雅明的歷史相對主義是因為即使人們放棄了時光隧道，接受被壓迫者的傳統，重新翻越被統治者貫穿的山嶺，能夠見到的也只是一鱗片爪。統治者的鎮壓、內部的張力，

過去也就有如地球上扭曲的地貌，不知有多少不能逾越的天塹和深溝。只有被救贖的人類才可以全盤接受過去，在這個時刻之前，人們對過去的印象也就有如一張無法沖曬的底片，必須等到若干年後，發明了更強的化學劑時才可望將底片還原⑫。

對於歷史主義者而言，過去的真相是不會跑掉的，對班雅明來說，過去的真相是稍瞬即逝的，而且可能永遠不再重現。因此，班雅明認為歷史唯物論的一項重要工作就是保存過去的映像，用的方法不是串念珠，用因果關係的鍊將過去的事物串起來。在命題十七裡，班雅明指出：「對於一個歷史唯物主義者來說，當歷史事件被轉化成一種自存自足的體系時 （無需再訴諸什麼前因後果），才算是建立了歷史的課題。」(*ILL* p.265) 這一個課題也就有如從念珠鍊上掉下的一顆珠，因為色彩轉變了而令人覺得是一顆獨立的珍珠。這樣的一顆珍珠也極容易遺失，需要珍藏。不過歷史唯物論重視的不是珍珠的交換價值，而是它對歷史的特有意義；只要珍珠的映像得以保留，歷史唯物論者的工作也算完成了。事實上，〈歷史哲學命題〉裡最突出的也就是命題一和命題九裡的映像，但這些映像在很大程度上只是相片底片所呈現的映像。傀儡抽著水煙，一組一組的鏡子使人產生幻覺，駝子是隱蔽的，又是白髮蒼蒼；畫面一片蒼茫迷霧。歷史天使的映像的背景也是朦朧的，風暴正由樂園吹來，廢物又漸漸堆積到天上；塵埃和碎片也就漫天飛舞，能見度當然有限。

班雅明在一九四〇年九月嘗試由法國逃亡到西班牙時身邊攜帶的物品包括了〈歷史哲學命題〉的手稿。據同行者講述，班雅明在抵達西班牙境內時，不顧感染疾病的危險，飲用不潔的山水。

⑫ ｜ 同上，p.291。

別人勸阻他時，他回答：「你應該明白最壞的事也只不過是我會在過境後病死，德國的祕密警察已拿我沒辦法。我的手稿已安全，由得我吧！」⑬對一份並不完整、只能算是實驗性的手稿，為什麼班雅明又如此重視，甚至認為比自己的生命更重要？「歷史唯物論希望保存的是那些在危急關頭裡出現於歷史所揀選的人之前的過去映像。」我們不知道班雅明是否認為自己是被歷史所揀選的人，重要的是他那份手稿確是保存了過去的映像。比命題一和命題九的映像更重要的是班雅明提出了一個徹底保存過去映像的方法──把時間靜止。當然這點也不能算是系統的方法，而是一種設想，就如進步論也其實只是一種設想。事實上，抗衡進步論的最佳辦法就是把時間靜止。進步論建基於劃一和空洞的時間觀，情形就有如一列前進中的火車，軌道則是毫無阻力又永遠不會終止。即使真的有這樣的一條軌道，人們也要懷疑趕上列車的意義。在這樣的列車上，周圍的景像就只能不斷後退，一如天使面前的廢物堆和工人在生產線上的工作一樣。即使這樣的列車不存在，但列車的原理卻應用在具體的社會組織上，這也是進步論的祕密。另一方面，把時間靜止並不是天方夜譚。時間靜止的客觀後果是取消過去和現在的分界（仍會有將來，但已沒有任何意義），或者說是將過去和現在融在一起，也就是不再忌諱，引述過去每寸光陰的事蹟的時刻。班雅明指出，歷史上的革命時刻也就是現在和過去結合的日子；此外，時裝這門玩意兒更是「跳到過去的虎躍」(*ILL* p.263)。除了這些例子之外，還有人自己的回憶。我們已探討了〈說故事的人〉和〈波特萊爾的一些主題〉對回憶的討論；除了這兩篇文章，班雅明還在其他的文章裡多次討論這個問題。

⑬｜引自 Lutz Niethammer, 1992, p.101。

回憶是人們把過去帶到現在的能力，在回憶的一剎那，時間也靜
止了。

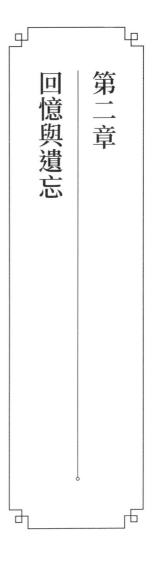

第二章

回憶與遺忘

「那些只能用邏輯或順序發展方式來理解思想現象的人正好應驗了班雅明所說的，以為事情就如念珠串一樣，一件之後必會接著另一件。這些人是不會欣賞班雅明的作品的。」①我們一開始就討論班雅明的最後一部作品，不是因為〈歷史哲學命題〉是一部集大成的巨著；相反，那只是由一組組命題組成的實驗性作品。班雅明的代表作是他那部不只沒有完成，而且只是一堆筆記、引文和提綱的《商場研究計劃》(Arcades Project)；換言之是一部根本還未成形的著作。然而，班雅明那種不系統之餘又極之集中的思想方式正好在這部未成形的作品裡體現了。雖然在下一章我們才會集中討論這部奇特的作品，但這裡我們不得不提到，因為據蘇珊‧畢摩斯 (Susan Buck-Morss) 的研究，由一九二七年起，亦即是班雅明開始為《商場研究計劃》搜集資料的一年，他所發表的作品全都是直接取材自為 《商場研究計劃》 搜集所得的資料②。〈歷史哲學命題〉的不少片段便是來自編號 N 的檔案。這一組材料是為整個研究的方法論而設的③。雖然班雅明不認為〈歷史哲學命題〉表達了一套完整的方法論，但它卻以鮮明的映像說明班雅明埋藏了多年的思想——歷史唯物論借助神學便可戰無不勝。畢摩斯認為這點其實也是貫串整個《商場研究計劃》的中心思想，不過就如命題一所說的，在《商場研究計劃》裡，神學是隱沒於人前。畢摩斯因此認為〈歷史哲學命題〉的作用在於為讀者提供一種結合神學和歷史唯物論的洗禮，好使讀者知道隱藏在

① Susan Buck-Morss, *The Dialectics of Seeing*, Cambridge, Mass.: MIT Press, 1989, p.7.
② 同上，p.207。
③ 同上， p.221。 檔案的英譯見 Gary Smith ed., *Benjamin: Philosophy, Aesthetics, History*, Chicago: University of Chicago Press, 1989, pp.43–83。

《商場研究計劃》的歷史唯物論裡還有神學這樣的東西④。

　　但這點並不是我們從後倒序來討論班雅明的最重要理由。歷史唯物論要借助神學這種說法其實表達了班雅明反對把神聖和世俗清楚劃分的思維方式，他的語言理論便把歷史的源頭等同為啟示。當然，從宗教的角度來看宇宙萬物皆是神創造，本來都是聖潔的；即使要劃分神聖與世俗，後者亦必須服膺於前者。班雅明卻不是鼓吹神權思想，這點在他的〈神學政治片斷〉(OWS pp.155–156) 已清楚說明。神權主義在政治上是沒有出路的，因為神聖和世俗的劃分可以說是歷史進程的一部分；說故事的衰亡便是這種歷史進程的一種表現。問題在於如何面對這種進程，對班雅明來說，戀棧過去和美化將來都不是辦法。在 N 檔案裡，他指出：「克服『進步』的觀念和『衰退時期』的觀念只是同一事物的兩面。」(N 2, 5) 為什麼是同一事物？當人們的思維方式亦接受了神聖和世俗的劃分時，便只能得出戀棧過去或美化將來兩種態度。從宗教的觀點看，現在是世風日下，從世俗觀點看卻是進步繁榮；然而二者都同樣墮入神聖與世俗劃分的思維方式。

　　歷史唯物論和神學聯手要戰勝的就是單一的宗教或世俗的世界觀。班雅明的歷史唯物論不在於預告未來，而在於提供過去的獨特經驗。過去最獨特的莫過於歷史的起源，然而在神聖和世俗二分的思維方式下，過去最獨特的變成最難以經驗。美化將來的人當然不會重視過去，戀棧過去的只會忽略那些讓人們經驗過去的事物。對班雅明來說，過去是可以經驗的，但不是歷史主義所說的感同身受。要感同身受就要回到過去，但即使人們真的可以回到過去，也只是為過去而經驗過去。這種過去的經驗也就不會

④ ｜ 同上，p.252。

和現在產生聯繫。歷史的意義本來就是作為過去的記憶，記憶卻有別於回到過去，而是不斷把現在這一刻和過去排列一起。在〈說故事的人〉裡，班雅明引述了一位作者的說話：「一個在三十五歲時死去的人，在他的生命的每一刻都是一個在三十五歲時死去的人。」班雅明指出，這句話的真正意思應是：「一個三十五歲時死去的人，會在回憶裡表現得像一個每一刻都是在三十五歲時死去的人。」(*ILL* p.100) 班雅明重視回憶不只因為在回憶裡，過去會重活，更重要的是重活的過去和回憶這一刻是直接聯繫的。另一方面，在回憶裡是不需要有將來的；換言之，回憶是一種獨特的時間經歷，在回憶裡，時間不再是周而復始地無情的前進或轉動。

對班雅明來說，卡夫卡的一個故事〈隔鄰村莊〉足以說明回憶的重要和獨特之處。在〈卡夫卡〉一文裡，他引述了故事的片段。在故事裡一位長者感慨地說：「人生苦短，當我回望人生，生命是這麼短暫。我真不明白一個年輕人怎會決定騎馬到隔鄰的村莊去。即使平平安安，即使一個幸福美滿的人生也沒有足夠時間騎馬到隔鄰村莊去。」(*ILL* p.135) 在〈卡夫卡〉一文裡，班雅明不只沒有對故事提出任何解釋，他反而用這個故事來解釋一個在猶太人圈子裡流傳的故事。下面我們會細心聽這個故事；這裡我們首先要處理〈隔鄰村莊〉的疑難。為什麼一個年輕人，一個一生平安的年輕人沒有足夠的時間騎馬到隔鄰村莊去？是長者老糊塗嗎？

班雅明的日記記述了一次發生在他和布萊希特之間的比試。事緣於班雅明把〈卡夫卡〉一文交給布萊希特，後者對文章不大讚賞。他認為卡夫卡的著作已夠玄虛了，班雅明應該儘量把事情清楚明白說出來，〈卡夫卡〉一文卻是日記式的獨白，把事情弄得

玄之又玄。班雅明沒有直接反駁布萊希特的批評，他提議二人分別就〈隔鄰村莊〉這個故事作具體的詮釋，作為測試。布萊希特用希臘英雄阿奇里斯 (Achilles) 和龜的寓言來解釋為什麼一生的時間 （是平平安安的一生） 也不足以讓人安心騎馬到隔鄰村莊去⑤。班雅明的版本則是：

回憶是衡量人生最精確的尺度，回望前塵往事只需剎那電光。由隔鄰的村莊重返原先的地點也不過是重揭前面數頁書一樣快速。那些將人生變成寫作的人，像故事中的長者，就只能把這種寫作倒轉閱讀。唯有這樣他們才能找到自己，也唯有從現在逃亡，才可以明白人生。(*UB* p.112)

班雅明的解釋驟眼看來，恐怕只會令到事情難上加難。不過，有一點是清楚的，就是回憶的力量。回憶是衡量人生最精確的尺度，因為回憶有如電光一樣，剎那間就可以從人生的終端返到人生的起點。但回憶卻不是回到過去，因為回憶必然是現在的回憶；回憶也就是把過去帶到現在，這也是救贖的標記。天使不能喚醒死去的和修補過去的，人卻可以回望過去，從過去的碎片整理出一個人生。這種總結人生的能力更極富感染力。在〈說故事的人〉裡，班雅明指出：

當一個人走到人生盡頭時，腦海裡浮現一組又一組的映像，向他展示一個曾經遇上卻不曾認出的自己。在這個時候，他的面容會突然顯得不尋常；目光所及，所有事物都顯得尊貴起來。即使最

⑤ | Robert Alter, *Necessary Angels*, Cambridge, Mass.: Harvard University Press, 1991, p.98.

潦倒的人，當他臨終的時候，周圍的人也一樣會被感染。(*ILL* p.94)

人之將死，其言也善，那不只是因為他不用再為名利而操心，更因為他終於能夠看清自己的一生。「人們的一生（也就是故事的素材），是要到了臨死的一刻，才變得可以傳遞。」(*ILL* p.94) 的道理也在這裡。因此，人之將死，其言也「是」。死亡賦予一個人權威，因為他已看清自己的一生，這種權威也是說故事的源頭。死亡所賦予的權威與經驗累積而成的權威是絕然不同的，在死亡的威嚇下，人們別無選擇地認出自己的全部過去。在垂死的一刻前，人們才能在沒有選擇的回憶裡，重活一生。沒有選擇的回憶，也就是不經意的，突如其來的，而且一來就是整個人生。一切都在電光石火間發生了。人的一生（一個無須隱瞞、可以完全清楚表白的一生）也就是白駒過隙而已，〈隔鄰村莊〉故事裡的長者也就不能想像騎馬到隔鄰村莊去。

　　慨嘆人生苦短，不足以騎馬到隔鄰村莊的長者為什麼是「那些將人生變成寫作的人」的一分子？在〈卡夫卡〉一文裡，班雅明似乎認為〈隔鄰村莊〉這個故事的寓意已十分清楚；他引述這個故事只是用它來解釋以下的故事：

一群猶太人在一家道地的旅館裡閒聊，除了一個坐在黑暗角落，衣衫襤褸的乞丐外，全是當地人。他們無所不談。忽然，話題一轉，每人輪流講述自己最深切的期望。最後輪到角落裡的乞丐。他無可奈何地說：「我希望我是一個權傾一時、統領四方的國君。然後，某夜我正熟睡。我的敵人入侵。黎明時分，敵人的精騎已

直搗我的後宮。我來不及更衣,穿著睡袍便倉皇逃跑。穿山過嶺、日以繼夜地逃亡的我,終於安全地來到這裡坐下。這就是我的希望。」(*ILL* pp.134–135)

乞丐的說話代表了他的願望還是他的自述?又或者是對其他人的忠告,提醒他們不要作不切實際的幻想?就如〈說故事的人〉裡所引述有關埃及王修曼尼提斯 (Psammenitus) 的故事一樣,乞丐的故事本身並沒有提供任何解釋。至於班雅明,他引述故事之後,只是指出它帶我們進卡夫卡的世界,接著便立刻引述〈隔鄰村莊〉。然後他說:「這個長者的兄弟就是那個乞丐,在他的正常和快樂的人生裡根本不會有時間去許願,但在一個不正常和不快樂的人生裡則能免於這個願望;這才是故事裡他要嘗試的逃亡,並且用願望來交換它的完成。」(*ILL* p.135)

班雅明似乎真的像布萊希特批評的,把事情弄得玄之又玄。怎可能用願望來交換它的完成?如果長老的兄弟就是乞丐,誰是他們的母親?〈卡夫卡〉一文確是一篇極之艱澀的文章,但卻絕非故弄玄虛。問題的焦點在於回憶。雖然死亡賦予人洞悉自己一生的能力,但如果人之將死,腦海裡卻只是一片空白,沒有絲毫的回憶,死亡所賦予的權威也就變得空洞。事實上,這點並不是一個假設的問題,而是極之可能的事情。回憶並不是強記,而是人生體驗的資料庫。人生體驗貧乏,回憶也同樣貧乏。當最重要的人生體驗——死亡——被隔離到醫院裡去或者被新聞報導所庸俗化時,回憶的資料庫變成空空如也便是極之可能的。如果長者是乞丐的兄長,那麼二人的母親就只能是回憶。乞丐的故事可以看成是一個以願望來交換回憶的故事。就如歷史天使一樣,乞丐只

想留下來，安坐一角便於願足矣。他和歷史天使一樣對將來不寄予希望，或者應該說他們根本不希望有一種只是屬於將來的希望。二人也可以說是班雅明的弟兄，班雅明批評進步論的一個原因是這種論調容許未來幸福的希望掩蓋了當前和過去的不幸。班雅明又認為我們對快樂的造像是完全受到我們身處的時代氣息所陶冶的，當前的不幸也就嚴重扭曲了人們所憧憬的未來幸福。乞丐要避免的就是這樣的希望，但為什麼班雅明說他「用願望來交換它的完成」？

在班雅明一篇未嘗發表的手稿裡，他說了這樣的一個寓言：「完成人們願望的仙子其實是有的，只是很少人會記得他們自己許下的願望，因此只有很少的人會自覺自己的願望在以後的日子裡確是完成了。」⑥明白這個寓言，「用願望來交換它的完成」便不是故弄玄虛的說法。更確切的說是放棄對將來寄予希望，以便能夠辨認出那些現在已完成的過去願望，亦即是我們被勞役的祖先未完成的遺志。事實上，馬克思主義的一項基本認識就是認為資本主義社會一方面其實已達到了人人富足的水平，但另一方面卻不斷把理想的社會無限期的擱置。這種無限期的擱置卻是基於人們的意識型態多過統治者赤裸裸的鎮壓，因此馬克思主義的難題是除了要說明資本主義的本質，還要令人們相信理想的社會是一個可以完成的願望。但如果意識型態就是阿圖塞所說的，是人們呼吸著的空氣，那麼一場移風易俗，抽去舊有污濁空氣的革命也只會連必須呼吸的人們一併革去。班雅明的歷史革命不在於革除過去，而是要把過去帶到現在。這也是過去的救贖，因為把過

⑥ | John McCole, *Walter Benjamin and the Antinomies of Tradition*, Ithaca: Cornell University Press, 1993, p.274.

去帶到現在才可望令人自覺過去未能完成的願望，在現在已完成
了。

怎樣把過去帶到現在？一個方法就是把生存轉為寫作，而乞
丐的故事就是這樣的一個例子。像所有故事一樣，這個故事是否
可信並不重要，重要的是在故事裡「坐在角落的乞丐向著過去奔
馳，為的是要在逃亡的國王這個人物裡緊抓著自己」(*ILL* p.138)。
乞丐是否就是逃亡的國王並不重要，重要的是他認識到自己命運
不在於將來，而在於過去。這個過去既是一個特定的過去又是一
個含糊不清的過去。就像一迷途的人，試圖返回起初的出發點一
樣，乞丐奔向的過去不是一個已知或者是現成的過去；而是一個
錯失了或是被遮蔽著的過去。迷途者或乞丐要靠自己的回憶去找
出一些標記或痕跡，他們的人生也就變成寫作。就如寫作一樣，
他們要不斷對沿途的標記作出詮釋。「將人生變成寫作的人，……
就只能把這種寫作倒轉閱讀。」因為這種寫作本身就是向著過去
奔馳之際寫的，它本身就是人生的倒轉。〈隔鄰村莊〉裡的長者也
是個把人生變成寫作的人，因為他已領悟到回望人生的精要。

班雅明自己是否也是把人生變成寫作的人？這個問題我們暫
時仍未能肯定的回答；但有一點是十分清楚的，班雅明對所有回
望人生，向過去奔馳的人都極感興趣。這些人之中包括了沉思者
和隱喻作者，對於前者，班雅明這樣說：

沉思者的情況是一個本來知道重大問題答案，但卻忘記了的人。
他在沉思，但不是沉思事物本身，而是他自己以前對事物的想法。
沉思者的思考因此是在回憶的標記底下進行。沉思者和隱喻作者
也就是同一塊木頭雕成的。⑦

沉思者和隱喻作者是同一塊木頭雕成的，因為二者都是在回憶的標記底下進行思考。沉思者思索的不是事物的知識，而是他自己以前的想法，他的沉思也就是回憶。隱喻和回憶卻好像是風馬牛不相及。作為一種表達方式或技巧，隱喻與回憶確是毫無關聯。但作為一種思考方式，情形便跟沉思者的處境相仿。班雅明指出：

沉思者的回憶在一堆雜亂而死寂的知識上盤旋。對他而言，人類的知識瑣碎得富於意義：即是由一堆任意割切的碎片堆砌而成，人們可以用以拼湊成一幅砌圖。隱喻作者一時從這裡，一時從那裡抽出一件件物件，把它們排起來，看一看能否湊成一起，例如：那個意義配這個映像，或是這個映像配那個意義。結果是永遠不能預測的，因為二者之間並無任何自然的中介。⑧

　　作為一種思考方式，隱喻與沉思竟是如出一轍；隱喻也就和沉思一樣絕對不是刻意做作，而是出於具體的需要，而且是一種歷史需要。如果沉思者的沉思是因為忘記了重大問題的答案，那麼隱喻的特有方式是因為歷史已失去了它曾經有過的意義。其實中國文化對隱喻並不陌生，雖然在中國文化裡出現的隱喻往往就只是一種獨特的表現方式。即使作為一種表現方式，隱喻和歷史亦無可避免地扯上關係。「李鵬下臺平民憤」這句隱藏在一首七言詩裡的語句便最能說明隱喻和歷史的關係。對班雅明來說，十七世紀德國悲劇採用的隱喻是基於一種特定的歷史觀。簡單而言，「有關歷史的一切都是由一開始就是不著時、哀傷和挫折」

⑦　Buck-Morss, 1989, p.240.

⑧　同上，p.241。

(*OGTD* p.166)。中國歷史裡最有名的隱喻都是和政治壓迫有關，不是文字獄，就是諷刺時弊的曲筆。中國的隱喻也同樣是出於歷史挫折和哀傷，也同樣不著時。不過，中國歷史裡的隱喻往往只是向統治者進諫的另一種形式，一被採納（如李鵬下臺）問題便好像消失了，更遑論是歷史哲學的反省。

十七世紀德國悲劇採用的隱喻，亦即是班雅明所關注的隱喻，卻代表著思想的終結：「在思想的領域裡，隱喻就有如物質世界的廢墟一樣。」(*OGTD* p.178) 要注意的是廢墟不是刻意建造的，在廢墟出現之前，其實經過了一段繁華昌盛、金碧輝煌的日子。廢墟其實是一個標記，但不是昔日光輝歲月的標記，而是人類歷史被風吹雨打的標記。廢墟也就是人定勝不過天的標記，而這裡的天不是盲目的，它亦要服膺一種律則，這就是腐朽的律則。

班雅明指出大自然一直是十七世紀德國的隱喻作者的導師，「不過他們見到的自然卻不是蓓蕾含苞或是鮮花吐艷的自然，而是開到盡頭、凋零腐朽的自然。在自然界裡，他們見到永恆的過渡；而只有這裡，這個被哀愁籠罩的世代才可以認出歷史的面貌」(*OGTD* p.179)。用隱喻不是因為不能暢所欲言，而是因為隱喻作者見到的只是永恆的過渡。既然任何事物都只是過渡，把事物的意義固定下來也就不可能了。「任何人，任何物件，任何關係都可以表示任何其他事情。」(*OGTD* p.175) 對十七世紀德國悲劇的作者而言，隱喻就是大自然的獨特的自我表達方式。換言之，大自然不是後來啟蒙思想所說的，是任人駕馭，滿足人的需求的死物世界；這種理解只是任意地把大自然的意義固定下來。另一方面，既然大自然並無固定的意義，人類歷史也就不可能是什麼永恆價值的滿全。十七世紀德國悲劇的作者深受路德 (Luther) 的神學觀

影響，認為人根本不能做任何事情以賺取神的恩寵（如中古時的贖罪券），人的地位和其他受造物其實沒有兩樣。人的歷史也就一如整個受造物（即大自然）的歷史一樣，服膺腐朽的律則。「在腐朽的過程裡，也只有在這個過程裡，歷史事件凋謝萎縮並由整體的環境吸納了。」(*OGTD* p.179) 人類歷史縱然有若干成就，也只會以廢墟告終。

　　班雅明對十七世紀德國悲劇的興趣，不在於它的神學觀，而在於這種神學觀所引發的歷史觀感和表達這種觀感的特有語言。班雅明指出：「德國悲劇的語言是可以被看成是當代的神學觀所引發的反省需要促成的。其中一項需要，亦即是終極論 (Eschatology) 消失後所引發的，就是嘗試在回復到僅是受造物的處境之後，找到放棄恩寵的一些補償。」(*OGTD* p.81) 隱喻就是這種補償，亦即是說，德國悲劇的隱喻並不是一種技巧或手法，而是悲劇本身的物質內容引申的表達形式。班雅明更指出：「隱喻不是一種表達的規條 (Convention of Expression)，而是規條本身的表達 (Expression of Convention)。」(*OGTD* p.175) 表面上，隱喻是任意、沒有固定意義的；但這不是人為做成的，而是大自然腐朽的規律的表現。因此隱喻所表現的時間觀感必然是向後回望，就如廢墟只會令人懷著思古之情離開一樣。隱喻也一如沉思一樣是在回憶的標記底下進行的，這點也是隱喻和意象之間最大的分別。在意象裡，時間恍似被永恆緊緊擁抱著，經驗世界和形上世界亦好像融在一起。早在撰寫《德國悲劇的起源》前，班雅明便已在一篇文章裡指出意象的特點是「讓真理的內涵和物質的內涵構成不可分割和必須的聯繫」⑨。但意象的局限也在這裡，意象是古

⑨ | McCole, 1993, p.123.

典主義的傑作，而「古典主義，根據它自身的本質是不可以見到自由受制、千瘡百孔、美麗的物質或自然的墮落。然而這些卻正是巴洛克隱喻，在它那誇張的排場的襯托下，前無古人地大聲宣示的」(*OGTD* p.176)。換言之，意象只能美化事物，它往往與人的具體歷史經驗相牴觸。隱喻反而是具體歷史經驗的有效表達，尤其是分崩離析的歷史經驗⑩。

　　當班雅明完成《德國悲劇的起源》時，他寫信給他的好友史高林 (Scholem)。信裡提到他那篇方法論導言，他指出這是他對語言理論的研究的第二階段 (*CORR* p.261)。隱喻是一種獨特的語言，它是語言本身或是純語言（參看導論）的另一個極端。命名就是純語言的表現，命名的力量來自那種原先的觀察，一種在名與實之間並無任何意義障礙的觀察。隱喻卻是命名的相反，它因此是源於一種名與實之間毫無聯繫的觀察。這種觀察又是基於什麼原因？單從思想的淵源看，十七世紀德國悲劇的作者深受路德的影響；但在路德神學觀和德國悲劇的獨特隱喻之間卻還有歷史經驗這個元素。《德國悲劇的起源》的主體研究便首先比較德國悲劇和希臘悲劇以至和同時代其他的悲劇（如西班牙、英國）的分別。對於德國悲劇來說，「當時所觀察到的歷史生活就是它的內容，它的真正對象。在這裡，它與希臘悲劇有所不同。後者的對象不是歷史而是神話；而劇中人物的悲劇形態並非源自等級──絕對權力的皇帝──而是他們在史前時期的生存──已過去的英雄時期」(*OGTD* p.62)。十七世紀德國也是戰事為患的世紀（歷史上稱為「三十年戰爭」），在那個年代「悲劇」一詞可以是一齣戲，亦可以是歷史事件。(*OGTD* p.63) 但戰事頻頻的最大影響莫過於

⑩ ｜ 同上，p.136。

統治者的絕對權力和他們的軟弱無能的強烈對比。當時的統治者的絕對權力源於人們認為「君主是歷史的代表，他手握著歷史的發展就如握著權柄一樣」(*OGTD* p.65)。德國悲劇的題材差不多無可避免地涉及某某君主的覆亡，「因為如果一個擁有絕對權力的統治者覆亡，不僅是他作為個人的名字，而且更是以人類和歷史之名的統治；他的覆亡也就有如審判，他的臣民亦牽連在內」(*OGTD* p.72)。戰事頻頻的年代當然令到無數絕對權力的君主覆亡，這種歷史經驗亦導致終極論的破產。跟同期的悲劇比較，十七世紀的德國悲劇永遠不會出現大團圓，即使是「化悲憤為力量」一類的冠冕說話也未曾出現。

　　班雅明對德國悲劇的興趣很大程度上是出於一種近親的相似。第一次世界大戰表面上對班雅明並沒有多大影響，但在實質上卻導致班雅明與他參與多年的學生運動決裂，亦奪去一位與他無論在性情或才華上都極之相近的摯友的性命[11]。在〈關於語言本身和人類語言〉一文裡，班雅明指出：「因為大自然不能言語，因此她在哀悼。可是這個命題的倒轉更能顯出大自然的本質；大自然的哀愁令她不言不語。在所有哀悼裡都有一種深切的無言以對的傾向，這種無言比諸不能或不願表達更為深沉得無限倍。」(*OWS* p.121) 史高林指出，在戰爭期間，他不僅對戰事不聞不問，別人的討論他亦深惡痛絕[12]。原因不是因為他對戰事毫不關心，而是因為他正深切哀悼。事隔十多年，班雅明在〈說故事的人〉

[11]　Richard Wolin, *Walter Benjamin: An Aesthetic of Redemption*, Los Angeles: University of California Press, 1994, pp.12–13; Bernd Witte, *Walter Benjamin: An Intellectual Biography*, Detroit: Wayne State University Press, 1991, pp.30–31.

[12]　Witte, 1991, p.34.

裡這樣說：「從第一次世界大戰起，一個仍沒有停止的過程開始變得清楚。不是覺察到嗎？戰爭結束後戰場回來的人顯得沉默寡言，他們可溝通交流的經驗並沒有豐富了，反而變得更加貧乏，……這是不足為怪的，沒有任何事情會比戰略考慮的經歷、通脹的經歷、身體置身於機械化戰爭的經歷和有權有勢者的道德經歷更為徹底地否定人生體驗。」(*ILL* p.84)

　　第一次世界大戰開啟了所謂全面戰爭，飛機亦首次投入戰場。科技的發展不但沒有帶來社會進步，反而令社會倒退。但這不是因為科技是罪惡的，而是因為社會的體制未能合理應用新的科技，導致科技進展和社會體制之間漸漸形成一條不可逾越的鴻溝。置身於鴻溝之中的人們只能目瞪口呆，只能沉默。要注意的是合理應用新科技，其實已是理想社會的標記。這點，我們在下一章會進一步討論。在歷史裡的人類社會當然離開理想社會十分遙遠，因此科技發展和社會體制之間的鴻溝從來就是社會問題而不是科技問題。因此班雅明只是認為第一次大戰更加凸顯了本來已存在的問題。不過問題已到了危機的地步，置身在科技發展和社會倒退的鴻溝裡，人們只會感受到凌亂的震盪，而不是可溝通的人生體驗。這種感受不用戰爭，都市生活已有太多的例子。從班雅明的角度而言，這個問題不是一般所說的現代化問題，不是什麼物質生活凌駕於精神生活的問題。在上一章裡，我們已看到溝通人生體驗是敘事形式的實質，人生體驗貧乏，敘事的能力便消失，智慧亦失傳，因為智慧就是真理可述說的一面。換言之，智慧就是啟示——真理的自我表達——的餘波。智慧失傳也就是歷史的問題，因為歷史的源頭就是啟示。因此，班雅明不厭其煩地指出智慧失傳的過程「已進行了一段很長的時間，把它看成是腐朽的

病徵就是最愚昧不過的，說它是現代的病徵就更不值一提了。這
個過程其實只是歷史裡俗世力量的隨從，一個逐漸把敘事從日常
生活裡剔除的隨從」(*ILL* p.87)。

　　值得注意的是班雅明沒有把智慧失傳歸咎於俗世化或現代
化。從班雅明的語言理論的角度而言，作為真理的自我表達的啟
示其實就是語言的自我表達，亦即是命名的語言。語言由命名，
由自身的表達變成一種符號、變成意義的標記也就代表著歷史已
由俗世化的力量支配。換言之，自人類歷史開始，俗世化力量就
已存在，說它是現代社會的標記便有點失實。更重要的是智慧失
傳和俗世化二者並沒有直接關係，在歷史裡智慧根本上就是寄存
在俗世化的形式裡，如敘事。因此，對班雅明來說離棄世俗、追
求純然的靈性生活絕對不是出路。一如馬克思，他關心的是人類
歷史，而且更希望改變歷史、改變世界。要改變當然要知道現在
的歷史、現在的世界是怎樣。他主張向後回望、把過去帶回來，
因為只有這樣才能夠認識現在的歷史、現在的世界。這是他的歷
史革命的要旨，表面上他的革命牽涉的是抽象的史學理論的問題，
但其實卻是具體歷史經驗的問題。就如馬克思主義不希望只是一
套解釋世界的理論，更希望改變世界一樣，班雅明對回憶、對史
學問題的探討，作用就在於具體的歷史經驗。這一點有需要進一
步說明。

　　彼德‧奧士邦 (Peter Osborne) 指出，〈說故事的人〉一文最大
特色是透過不同文學體裁與回憶之間的分析，帶出現代社會的史
學危機的問題[13]。在〈說故事的人〉裡，班雅明說：「任何對某種

---

[13]　Peter Osborne, "Small-Scale Victories, Lange-Scale Defeats" ，收於 Andrew Benjamin & Peter Osborne eds., *Walter Benjamin's Philosophy*, London: Routledge, 1994, p.81.

形式的史詩的考察都會涉及史詩和史學的關係。事實上，人們更可以進一步提出這樣的問題：史學能否是所有形式的史詩的共同基礎？文字記載的歷史和史詩之間的關係也就有如白晝和折射下的光譜一樣。」(*ILL* p.95) 史學和史詩之間的共同點在於「記憶是創作史詩的最重要官能」，而史學則是「記憶的紀錄」(*ILL* p.97)。這裡，我們可以進一步領略為什麼班雅明認為把人生變成寫作的人需要倒轉閱讀。如果史詩代表著最宏大、最多樣、最富歷史感的文學創作，那麼回憶就是這種創作的最重要官能。把人生變成寫作的意義不在於將一樣東西變成另一樣，而在於把二者融匯，使人生不致於日復一日的消逝。把人生變成寫作而又不失為人生的要訣在於回憶，但回憶不限於一種，把人生變成寫作亦會有不同的表現。下文我們會探討普魯斯特和卡夫卡的寫作所表現的不同人生回憶，這裡我們先要處理史學和回憶的問題。

班雅明指出史詩本來結合了說故事和寫小說，但「自從史詩式微以來，作為繆斯衍生的小說元素——回憶——與故事裡對等的憶述，分道揚鑣」(*ILL* p.98)。小說家的回憶是綿延的，但只涉及「一個英雄、一次歷險、一次戰役」；說故事則是「霎時的憶述」，但卻「牽連眾多紛紜的事態」(*ILL* p.98)。說故事的消亡也就是一種特定的憶述的消亡。小說亦同時出現危機，因為一種看來「好像是自明」，「可以即時鑑定真偽」(*ILL* p.98)，而且只能活於作為新聞的一刻，無需保留在記憶裡的傳播方式——資訊——更適合「不再從事一些不能簡化的工作」(*ILL* p.93) 的現代人的生活節奏。

在這種情形下，作為記憶的記錄的史學亦變得貧乏；更嚴重的是史學漸漸失去鑑古知今的作用。就如一個失去記憶的人一樣，

史學亦陷入一個只能叫人迷惘惆悵的現在。不錯，史學仍能刻劃
一個永恆的過去，而且在科學方法的支撐下，構作了一套實證的
史學方法。但過去、現在、將來之間的關係怎樣建立？這個問題
根本就超越了實證主義的範疇。從實證主義的角度而言，歷史工
作者需要做的就是把過去原原本本地還原；過去的面貌就像化石
一樣是永恆不變的，即使相隔數千年，只要運用適當的科學方法
就可以還原。班雅明便指出：「歷史主義提供一種永恆不變的過去
形象」(*ILL* p.264)，這種永恆不變的過去形象的背後卻代表著現
代社會對歷史經驗的觀感的一次「決定性的蛻變」⑭。和說故事
比較，事情便十分清楚，「說故事其實就只是複述聽回來的故事」
(*ILL* p.91)，但說故事的目的「不是指出事物的本質」(*ILL* p.91)，
不是原原本本地把聽回來的故事複述。即使一字不加的複述，但
語氣、聲音、手勢，以至環境的改變便注定不可能原原本本地複
述。因此，說故事雖然是複述前人的事故或經歷，但必會滲入說
故事者本身的經歷；也唯有這樣的故事才可以日久常新，才可以
在不同世代裡，被不同的聽眾吸納。說故事所提供的過去也就是
一個可以被現在所容納的過去。

　　「記憶創造了傳統的鏈帶，從而把一件事情一代一代的傳下
去。」當記憶尚未消失，傳統的鏈帶尚未斷的時候，真確的歷史
經驗是可能的。實證主義所提供的永恆的過去形象卻不是可以傳
遞的歷史經驗，而是供人鑑賞、保存在博物館裡的珍貴文物⑮。
但這些形象必然是極之選擇性的，就如都市的舊建築，只有極少
數被認為是珍貴文物，才會被保存下來供人欣賞。班雅明直接了

⑭　Peter Osborne, *The Politics of Time*, London: Verso, 1995, pp.114–115.
⑮　以下的分析源於 Peter Osborne，尤其見同上，p.140。

當地說 ：「沒有一件文明的文物不同時是野蠻的文物 。」 (*ILL* p.258) 實證主義不會也不可能把全部的過去還原，沒有還原的過去是否就沒有保存的價值？更嚴重的是，被還原的過去是否因為有更多的過去不被還原而顯得珍貴？即使第二個問題不存在，但所有珍貴的文物「不單是偉大的心靈和天才所創造，還是同代人默默耕耘的辛勞」(*ILL* p.258)。實證史學還原過的準則就只是一套抽象的價值標準——歷史文物的價值。這套價值不但和現在這一刻關注的不相干，而且把具體生活的歷史轉為靜觀的鑑賞。過去的意義也就不再具備起源或原創的意義；過去和回憶的密切關係也就脫鉤，過去只是無意義的順序編排的起點。

除了還原過去之外，實證主義的另一項工作就是把不同的歷史事件串上因果關係。因此，實證史學其實包括了一種與實證相違的假設，即歷史是順序發展的，「一件事件引申到另一件」。班雅明把實證史學和啟蒙時期興起的進步史觀放在一起，統稱歷史主義的做法雖然與慣常的定義有別⑯，但卻正確地點出實證史學和進步論之間的共同點，即歷史的題材是建基於劃一和空洞的時間。實證史學假定史學家一旦擁有適當的科學裝置，就可以毫無阻礙地返到過去；進步論則假定歷史是必然地向前邁進。另一方面實證史學的「科學」成就鞏固歷史正在向前的想法；進步論則彌補了實證史學對現在和將來的無知。進步論促成實證史學所還原的過去和未來之間重新建立聯繫，但形式卻是抽象的順序；而現在也只能是過去和未來之間的一點。在進步論的推動下，現在這一點永遠不會有一個固定的位置，現在就只是永恆的轉瞬、永恆的過渡。

⑯ ｜ 有關歷史主義的慣常定義參同上，pp.138–139。

　　如果隱喻代表著思想的終結，歷史主義則是歷史經驗的終結。隱喻的基本見解是指出歷史是永恆的過渡，並沒有一個終極的目的，歷史主義則用一些只有相對意義的口號（如明天會更好）來重新肯定這個目的；代價則是挖空現在這一刻的意義。隱喻的重要在於它表現了人們真確的經驗，雖然這種經驗是負面的，是事物和意義之間割裂的經驗。事實上，當傳統的鏈帶斷裂、記憶消失、智慧失傳時，事物和意義之下亦必然是割裂。然而，歷史主義卻把實質上不同的時間全部劃一，成為空洞的時間，結果是連負面的歷史經驗亦不可能。班雅明批評歷史主義的用意便不是純粹為了批評一套理論，而是要進一步指出歷史主義作為一套理論的歷史意義（或沒意義）。對於歷史主義，彼德·奧士邦指出：「在它的永恆的過去和無窮盡的排列的結合裡（在歷史主義的自我意識裡，每項事情都可以在原則上保留下來），它的作用就是徹底地取消死亡。」⑰ 我們卻知道，「在腐朽的過程裡，也只有在這種過程裡，歷史事件凋謝萎縮，並由整體的環境吸納」。死亡和腐朽是大自然的律則，人類歷史又必然地附託在大自然身上。雖然看似矛盾，但只有接受死亡，與死亡和解，才有可能超越個人的短暫生命。死亡和腐朽令人警覺世事變幻無常，但亦因此令人聯想到永恆和不朽。

　　永恆和不朽當然是神學上的概念。對班雅明來說，真確的歷史經驗就必定涉及神學的範疇，因為「歷史不單只是科學，而且也是一種回憶的形式。科學所制訂的，回憶可以更改。回憶可以將未完成的事情（快樂）完成，同時令到完全的（苦難）變得不完全。這是神學，但在回憶裡我們會發現一種不可能把歷史當作

⑰ | 同上，p.141。

完全是非神學的領域的經驗，雖然用淺白的神學概念來寫歷史，我們連想也不敢」（*N* 8.1）。為什麼連想也不敢？因為永恆和不朽這些本來是人類歷史裡的神學概念已隨著死亡的消失而變得無人能夠領悟，因為上至雲霄、下至地府的階梯已沒有行人。然而，死亡並沒有消失，只是「被人推離視線範圍」（*ILL* p.94），死亡一旦被隔離，人們的一生也就不可以傳遞、不可以超越。隔離死亡，反而受困於死亡。

歷史主義取消死亡的結果是同樣受困於死亡。歷史主義還原過去，但卻不可以令過去活於現在；過去就只有抽象的價值，只有作為歷史文物的價值。過去也就變成物品，一些要不斷人工翻新，而不是本身日久常新的物品。面對這樣的過去，就只能沉思；因為事物本身的意義已不重要，人們以前對事物的看法才重要。沉思能否解決問題？沉思者能否避免隱喻作者的負面經驗？

卡夫卡可以算是一個避免了負面經驗的沉思者，起碼班雅明認為是這樣。他對卡夫卡的探討，由一九三一年在柏林電臺做了一輯卡夫卡的節目開始，到一九三八年寫給史高林的信裡最後提出的觀感，前後歷經七年。期間，在一九三四年，亦即是卡夫卡逝世十週年，他發表了一篇極受重視的文章；這篇文章後來更成為班雅明和數位友人之間的通訊焦點，儼然像一個卡夫卡研討會⑱。這裡引用的英譯本，把一九三四年的文章和一九三八年的書信合併成為〈卡夫卡〉一文。

就如班雅明的其他文章一樣，〈卡夫卡〉一文一貫地包括了不少精闢獨到的觀察，但卻不甚連貫。中心主旨便也不大明顯，或

---

⑱ Hans Mayer, "Walter Benjamin and Franz Kafka", in Gary Smith ed., *On Walter Benjamin*, Cambridge, Mass.: MIT Press, 1991, pp.185–209.

許我們可以從前文提過的乞丐故事入手。這個故事出現在文章的第四部分，班雅明說它帶我們進入卡夫卡的世界。其實文章一開始，班雅明就引了普希金 (Pushkin) 的一個故事，接著他指出故事呈現的那個「辦公廳、檔案室、發霉、凌亂、漆黑的房間的世界就是卡夫卡的世界」(*ILL* p.112)。事實上，文章的前半部花了很多筆墨來捕捉卡夫卡的世界，而這個世界卻是難以捕捉的，因為「神話世界也比卡夫卡的世界年輕」(*ILL* p.117)。明顯的例證是卡夫卡作品裡的隨從，他們好像還沒有完全離開大自然的母體。班雅明引述卡夫卡對隨從的描寫：「在漆黑裡，人們在角落裡所能見到的就只是一個大球。」(*ILL* p.117) 但如果卡夫卡的世界就是隨從那個差不多仍是一片混沌，完全沒有條理的世界，卡夫卡本人卻有若一個來自另一個世紀的天外來客；班雅明稱他是個新的尤利西斯。如果聽了西王歌聲而依然無恙的尤利西斯代表著一個後神話時期，那麼卡夫卡的作品會否夾雜著神話前和神話後的素材？事實上，辦公廳、檔案室這些現代官僚社會的發明不可能與神話扯上關係，更遑論是神話前的世界。但對於卡夫卡來說官僚的世界也就是父親們的世界，因為「父親專責懲罰，就如法庭的官員一樣，罪孽總是吸引著他」(*ILL* p.113)。班雅明補充說：「父親懲罰，但同時是指控者。」(*ILL* p.114)

　　換言之，即使是現代官僚的世界，即使近如父親的世界其實亦是混沌一片。卡夫卡故事的主人翁 K 便這樣想：「法律制度的特點是被定罪的人不只無辜而且無知。」(*ILL* p.114) 這句話正好說出目前中國大陸法律的特點，亦說明卡夫卡的世界不只夾雜著遠古和近代的素材，更令人迷糊的是這些本應是新舊不同的事物卻又好像是如出一轍。不過，這點正好解釋了乞丐的故事和卡夫

卡的世界的關係。乞丐的故事令到在場的人十分詫異，人們問他可以得到什麼？這些人顯然未能明白這是一個用希望來交換回憶的故事，他們或許會暗自思量，乞丐是否真的是一個落難的王孫。正如班雅明所強調，故事的意義不在於可信而在於傳遞人生經驗；乞丐故事所傳遞的就是回望人生的重要。對班雅明來說，要解開謎一樣的卡夫卡世界，鑰匙就在於回憶與遺忘。他指出：「每當故事裡的人物有話對 K 說，即使是重要或稀奇的事，他們都只是輕輕一提，好像暗示 K 其實是一直知道的。情形就像根本不曾提過任何新的事物，主人翁只是被邀請重溫一些已遺忘的事情而已。」(*ILL* p.131) 但另一方面，K「經常覺得自己已迷路，又或者是漂蕩到一個從來沒有人到過的地方，一個連空氣也不一樣的地方」(*ILL* p.115)。班雅明的解釋是：「已忘記的──這一見解為我們提供另一條通往卡夫卡的作品的通道──永遠不是一些純粹個人的事情。所有被忘記的事情其實是被夾在那個早被遺忘的史前世界裡，組成數不盡、不穩定、不斷改變的混合物，並生產一連串新的、古怪的產品。」(*ILL* p.131)

當班雅明跟他的友人在書信上熱烈討論卡夫卡時，他對《商場研究計劃》的工作一點也沒有鬆懈。表面上，卡夫卡和十九世紀巴黎並沒有任何關係，在下一章，我們卻會見到十九世紀巴黎的特色一如卡夫卡的作品一樣，也是新舊夾雜。班雅明更出人意表地指出，十九世紀巴黎才是神話的原型，意思是說神話世界的力量在十九世紀巴黎反而能夠表露無遺。對於卡夫卡，班雅明亦有類似的見解。在一九三八年寫給史高林的書信裡，班雅明指出：「卡夫卡的作品是一個橢圓，它的兩個軸心相距甚遠；而且分別由神祕主義的經驗（尤其是有關傳統的經驗）和居住在現代大城

市的經驗所決定。」(*ILL* p.145) 接著班雅明進一步闡釋居住在現代大城市的經驗是怎麼一回事，他的解釋跟〈波特萊爾的一些主題〉裡的解釋是一致的，即是一個不可能經驗的世界。他舉了現代物理學的例子，從物理學的角度而言，肉眼所見到的物質世界和物質世界的本質（如原子的運作）相去不下數千里。大城市生活的本質跟物理學描述的物質世界一樣是不可以經驗的。這樣是否表示代表著卡夫卡著作的橢圓裡的兩個軸心，其中一個既然是不可以經驗的，那麼卡夫卡的作品就只是表達了神祕主義或傳統的經驗。

　　班雅明的答案是否定的，他把傳統的經驗和神祕主義等同，那是因為傳統的鏈帶已斷，有關傳統的經驗也變得神祕或不可解釋。對班雅明來說，卡夫卡不是一個作了一些動聽的寓言故事的神祕主義者。在一九三四年發表的文章裡，班雅明便認為卡夫卡不只寫寓言，簡直是寫聖訓 (Parable)，但卻不曾建立任何宗教 (*ILL* p.126)。如果卡夫卡的作品令人覺得神祕那是因為他對這個最新近的世界的經驗，亦即是一個不可能經驗的世界的經驗，其實來自神祕主義的經驗。班雅明指出這個「有關卡夫卡最實在而又最令人難以置信的地方」(*ILL* p.146)，這樣說不等如卡夫卡是一個傳統主義或是神祕主義者，「對於卡夫卡來說，祖先的世界深不可測，就如現實世界對他來說是重要的一樣」(*ILL* p.132)。卡夫卡轉向變成神祕的傳統，不是為了傳統本身而是為了他身處的現實世界。作為一個個人，他不可能經驗身處的世界，因此轉向傳統，因為它的意義在於不只是個人經驗。然而傳統的鏈帶已斷，已「不存在一些可以吸納的教理，一些可以保存的知識。那些擦身而過而又意圖被抓著的事物並非為任何人的耳朵而設的」(*ILL* p.147)。

　　傳統其實是一代傳一代的人生體驗，傳遞的形式是敘事，而接收的方式則是聆聽。卡夫卡對傳統的經驗亦來自聆聽，班雅明說：「卡夫卡傾聽傳統，全心傾聽的人雙目閉上。」(*ILL* p.146) 由於傳統的鏈帶已斷，卡夫卡確是需要加倍專注傾聽，甚至閉上眼睛，加強專注。但無論怎樣專注也不能聽到智慧，即真理可述說的一面。即使傳統殘餘的映像，「那些擦身而過而又意圖被人抓著的事物」，由於閉上眼睛也錯過了。表現在卡夫卡作品的情形是：「他的隨從是失去了寺廟的執士，他的學生是失去了《聖經》的學生。」(*ILL* p.139) 換言之，「卡夫卡的作品表達了百病叢生的傳統」(*ILL* p.147)，不過這種表達是間接的，卡夫卡本人什麼都見不到；他的作品其實「並無遠見或是『先知般的眼光』」(*ILL* p.146)。在卡夫卡的作品裡，新舊雖然並存，但各自的軸心卻相距甚遠；新舊之間並無衝突，亦沒有融合一起，這是卡夫卡最獨特的地方。班雅明認為：「卡夫卡的真正才華在於他嘗試了一件前無古人的事，他不惜犧牲真理，為了能夠保存真理的傳遞。」(*ILL* p.147) 卡夫卡也就是旅館裡的那個乞丐，他為了回憶，不計較回憶的過去是否就是真實的過去。

　　這種回憶是否就只是徒具形式？也不盡然。乞丐的故事引人入勝的地方在於它將一種本來屬於未來的敘事轉為過去的敘述；至於卡夫卡，班雅明指出：「在卡夫卡遺留給我們的故事裡，敘事藝術恢復了它在山魯佐德 (Scheherazade) 口中的能力：令到未來延期。」(*ILL* p.129) 卡夫卡的特點是面對百病叢生的傳統，面對一個已失去《聖經》的世代，他緊抱著傳統賴以一代傳一代的形式——敘事。因此，他能夠做的就是寫下一些沒有教義的聖訓。

不過沒有教義卻不等於沒有意義。班雅明說卡夫卡是一個新尤利西斯，新在那裡？卡夫卡自己提供了答案，他的一個故事便是描寫尤利西斯與西王的遭遇；不過，這一次西王並沒有唱歌；西王沉默了，就如說故事的人的聲音不再響亮一樣。但卡夫卡說沉默才是西王最厲害的武器，下一章我們會嘗試了解箇中原因。這裡要指出沒有教義的聖訓和沉默的西王有如姐妹，因為西王和她的歌聲本是一體，就如聖訓和教義是一體。沉默下來而仍然不失為西王（仍然極之危險）便也極之耐人尋味了，而這也是卡夫卡偉大之處，在他身上充分體現了將生存轉為寫作的意義。在寫給史高林的另一封信裡，班雅明指出：

不管學生們是遺失了《聖經》，還是不明其所以都是一樣；因為沒有一套解釋索引，《聖經》就不是《聖經》，而是生活。一種在興建古堡的山腳下的村莊的生活。卡夫卡眾多聖訓裡提到的「倒轉」在我看來，就是要將生活蛻變成《聖經》。對我來說，〈隔鄰村莊〉和〈鐵桶騎士〉就是其中的例子。(*CORR* p.453)

　　卡夫卡的聖訓，是把生活變成《聖經》的結果。雖然沒有真的變成《聖經》，但卻保存了《聖經》的形式。卡夫卡也就有如一個雖然沒有想到答案，但卻一直堅持想下去的沉思者；他亦因而避過了隱喻作者的負面經驗，這也是靜觀式冥想的最高境界。然而，在卡夫卡身上，我們亦見到刻意保留傳統並不是把過去帶回到現在的出路。從回憶的角度而言，刻意的回憶必然是選擇性的回憶，這種回憶勾起的過去，就有如博物館的展品一樣，是可以堂堂皇皇地展示人前的。這樣的過去不是班雅明關心的過去，當

然卡夫卡並沒有帶回這種展品式的過去，如果他帶回什麼，那只是一座空的建築物而已。

相比之下，普魯斯特 (Proust) 正好是在不經意之下，找回他自己失落的童年。他的巨著《追憶似水年華》是在一個偶然的情況下，一種糕點的味道勾起他連串的童年回憶。班雅明指出，普魯斯特的作品「不是描述一段本來如此的人生，而是一段由親身經歷過的人所回想起來的人生」(*ILL* p.204)。班雅明接著補充說這段回想起來的人生其實是曾經一度被忘記的，即使是重新想起，也是在極偶然的情況下，而且想起的事情稍瞬即逝。這些失而復得而又很容易再失的回想來自記憶的深處，這裡「記憶的材料不再個別地以映像表現，而是一整團沉重卻沒有形狀、也不穩固的事物」(*ILL* p.216)。班雅明並指出，情形有如漁夫將撒下的網拖起時，沉甸甸的漁網告訴他收獲甚豐；但一定要等到漁夫竭力把網拉起，才可以清楚看到網內的漁獲。普魯斯特在一個偶然的情況下撒下漁網，並意外地得到極豐富的漁獲。他不但奮力拉起漁獲，並不惜畫夜倒轉記錄他這些他自己稱為「非隨意的回憶」。

約翰‧麥哥 (John McCole) 指出，當班雅明把普魯斯特的「非隨意的回憶」翻譯為德文時，他為原來的詞語冠上新義。在非隨意之上，班雅明加進了專注的意義 ⑲。漁夫撒網後奮力拉起的意象便充分表明班雅明的構思，以下我們用「不經意的回憶」來代表班雅明的想法，至於普魯斯特的用法則沿用「非隨意的回憶」。在班雅明自己的翻譯理論裡，忠於原文並不一定是好的翻譯的標準；因為翻譯的目的不在於把一樣事情用不同語言說出，而是把事物可表達的本質，亦即是語言本質推至更高的境界。班雅明對

⑲ | John McCole, 1993, p.260.

「非隨意的回憶」的翻譯，目的不在於忠於普魯斯特，而在於把普魯斯特未能清楚說明的事情，表達出來。例如，他認為普魯斯特的非隨意回憶，其實也是非隨意的忘記，他甚至認為後者會更為貼切⑳。非隨意的回憶不是沉思者搜索枯腸的刻意回憶，後者起碼知道自己好像忘記了什麼似的。前者在事前卻全不知曉，並且是剎那偶然的產物。但這種特別的回憶其實只是我們混濁的日子的沉澱物，而睡眠就是它們待以沉澱的時刻。因此，「每日當我們醒來，我們的手裡都會拿著（一般而言是輕輕的、不著力的）生活織錦周遭的一些殘絲，這塊織錦其實是由遺忘替我們織成的。然而，隨著我們每日有計劃的活動，尤其是有計劃的記憶，遺忘所織成的布塊和上面的裝飾圖紋也被拆掉了」(*ILL* p.204)。在〈說故事的人〉裡，我們已認識到，回憶的結構因應我們生活的境況的變遷而改變。像說故事所涉及的記憶其實是一種不用強記，可以忘記的回憶。如果回憶和遺忘成了相反詞語，那是因為回憶的結構變成一種只能與遺忘相反的特定結構。對班雅明來說，普魯斯特的非隨意回憶同時是非隨意的遺忘，因為他的童年經歷並不能算是一種人生體驗。後者「實在是傳統裡的事，在集體生存和個人生活都一樣。它是儲存在記憶裡，通常是不自覺的資料的匯聚多過緊緊拴在記憶裡的一項事實的產物」(*ILL* p.159)。

　　對普魯斯特來說，「非隨意回憶」帶來一個好像是嶄新的過去，一個在刻意回想裡想極也想不出的過去。因此他認為人們能否經驗過去，純粹是機緣巧合。班雅明當然不同意，他指出：「人的內心世界不是天生就是單純的個人隱私；只有當人們漸漸不能透過經驗去吸納他們周圍發生的事情時才會變成這樣。」(*ILL*

⑳｜關於班雅明和普魯斯特對回憶的不同觀點，參同上，pp.261–264。

p.160) 用另一種方式說，因為傳統已失傳，人們的生活也失去集體的意義，變成個人私下的生活，這樣的生活經歷也就不一定可以轉變為一種可以隨意遺忘、隨意回想的人生體驗。普魯斯特的「非隨意回憶」就只是特定歷史條件下，一個人生體驗越來越貧乏的時代的產物。班雅明指出：

在嚴格定義的人生體驗裡，個人的過去的某些內容總會跟集體的過去的素材結合。祭祠裡的儀式、慶典（普魯斯特的著作很可能完全沒有提及）不斷把這兩種回憶的元素一次又一次混合起來。在某些時候他們會引發回想，而且在人生裡充當開啟回憶的鑰匙。這樣隨意和非隨意回憶亦失去互相排斥的成分。(*ILL* pp.161–162)

對班雅明來說，回憶的意義在於豐富人生體驗，一種不限於個人經歷的人生體驗。對普魯斯特而言則在於能夠重溫往日的歡愉。班雅明也不反對追求快樂，但他指出幸福快樂其實有兩種：「其一是從未所聞，從未見過的，是幸福的頂點；至於另一種則是永遠的重複，那個原先、第一遭的快樂的永遠重複。」(*ILL* p.206) 這兩種幸福快樂的分別不在於前者屬於未來，後者則是重溫過去。對班雅明來說，幸福快樂是完全受過去薰陶的（命題二）。由於過去盡是未能完成（或是完成了卻不覺察）的願望，幸福的頂點不在於未來的願望的完成，而在於過去的願望的完成。班雅明所提出的兩種快樂的分別在於前者繫於把過去帶到現在，後者則是返回過去。事實上普魯斯特的回憶缺少了現在這一刻的關注，結果是沉緬於（一次又一次）往昔的歡愉。但在〈普魯斯特的形象〉一文裡，班雅明卻完全沒有批評普魯斯特，反而稱讚

他：

普魯斯特所展現的永恆並不是無窮盡的時間，而是濃縮的時間。他真正關注的是時光過渡最真確的形式，即是說和空間結合的形式。在這種過渡裡，沒有任何一處地方比內部的回憶和外部的衰老來得更開放。(*ILL* p.213)

麥哥指出這裡的普魯斯特其實是班雅明自己㉑。事實上，普魯斯特要一次又一次，永遠的重溫往日的歡愉，他追求的就只能是永恆的時間。這種時間就只有歷史終結或歷史之外才會可能。班雅明要實現的是馬克思主義的最基本理解——人重新掌握歷史，成為歷史的主人。但他認為這項理想隨著社會變遷而變得更複雜，隨著過去和現在之間的斷裂，歷史已變得空洞；歷史主義便是這種歷史境況的產物。沒有真確的歷史經驗又焉能掌握歷史。展現濃縮的時間的是班雅明自己而不是他口裡的普魯斯特。人死前的一刻的頓悟是這種時間的展現的一例，認為人生苦短不足以策騎到隔鄰村莊的想法也是。類似的例子可以很多，普魯斯特亦有條件展示，班雅明說他「完成了使整個世界在一瞬間衰老了一整個世代的創舉」(*ILL* p.213)。普魯斯特是否真的做到了並不重要，重要的是「這種濃縮時間令到本來只會變得破舊和沉寂的事物在電光一閃之下燃燒殆盡，這其實是青春再來」(*ILL* p.213)。

班雅明企圖重新建立的回憶不是緬懷已知或是已記入史冊裡的過去，而是發掘被埋在歷史廢料堆裡的過去；並把它們燃燒照亮這一刻。在這頃刻間，人們見到的不只是被埋藏的過去，而且

㉑｜同上，p.263。

是這一刻本來見不到的事。班雅明指出:「一件經歷的事件是有限的,起碼是局限於經驗的某一個範圍。一件想起來的事件則是無窮盡的,因為它只是一條開啟事件發生之前和之後的一總事情的鑰匙。」(*ILL* p.204) 更重要的是事件本身在之前之後的一總事情並非沒有闊度、深度,只有長度的直線。回憶是不限次數的,同一件事件回想過十數次、數十次、數百次之後,事件的前世今生也就出現過數百種不同的排比,事情的深度和闊度也漸漸呈現。班雅明說:「他充滿了這樣的遠見,即我們之中,無人可以有足夠的時間去體會本來是屬於我們的真正生命戲劇。這才令我們衰老,只有這沒有別的。」(*ILL* p.213) 這裡的他當然又是班雅明自己,他說的生命戲劇就是每個人生命裡想不完的往事,戲劇性不在往事本身,而在於回想時對現在這一刻的啟迪。

最能夠啟迪現在的回想莫過於童年回憶,因為童年是建基於一個與成年人完全不同的世界;一個更為接近物品,一個與大自然一樣善於模仿的世界。更重要的是兒童這些特點是基於與成年人完全相反的邏輯。兒童更為接近物品不是因為他／她們比成年人更為熟悉物品,而是一切都是陌生,都是新鮮;他／她們完全不曉得成年人以物品作為工具的技倆。他／她們善於模仿不是因為他／她們掌握了模仿的竅門,而是因為他／她們只是鬧著玩。兒童的玩耍除了對兒童成長有意義之外,更有歷史意義。畢摩斯指出:「從兒童的位置來看整段歷史,由最古老的到最新近的都同在神話式的時間發生。」[22] 對於兒童而言,世界仍未解咒,歷史和神話並沒有兩樣。面對這個神話般的世界,兒童並不是目瞪口呆,而是整日鬧著玩。如果神話代表著人類對自然力量的妥協,

[22] ｜ Buck-Morss, 1989, pp.273–274.

那麼兒童便是重新質疑這種妥協。不過兒童的能力無非來自人類自己的兒童期，班雅明指出：「不論在那裡，兒童的玩耍都充滿模仿式的行徑，並且不限於一個人模仿另一個人。兒童不只玩著當店東或老師，更有風車和火車。」(*OWS* p.160) 班雅明亦指出這種本來屬於人類兒童期的模仿能力已萎縮到難以辨認，只有在兒童身上，才得以保留。

　　班雅明是極少數注意到兒童本身（不是未成年的人）的哲學意義的思想家，他的摯友史高林指出：「班雅明其中一樣最重要特徵是終其一生，他好像著魔般被兒童的世界和行徑吸引著。這個世界是他思想裡不斷出現，歷久不衰的主題。事實上，他對這個主題的寫作是他最好的作品之一。」㉓下一章我們會檢查一下班雅明對兒童世界的寫作和他其他的作品的關係，這裡要指出班雅明有別於普魯斯特；對他來說兒童世界並非盡是歡愉，兒童世界無可避免地受到成年人世界的各種制約。班雅明自己的童年便經常困在家中，即使外出也只是父母社交圈子的特定區域。在他自己的童年回憶裡，班雅明這樣寫：「在那些早年的日子裡，我對城市的認識就只是作為一個購物場所。」(*OWS* p.327) 兒童更經常為成年人世界的名實不符而感到沮喪，一個知道楓樹或橡樹為何物而又首次踏足大角咀楓樹街、橡樹街的兒童必會大失所望。兒童善於模仿的背後，亦假設了一個名實相符的世界。事實上，在命名的語言裡是不會有名實不符的事情的。命名的語言正是人類作為兒童的語言，名字的魔力亦依然保留在童話故事裡。兒童的「無知」便往往表達了一種成年人世界早已遺忘的深意，班雅明自己便記載了一段相關經歷。一次他遊覽一個名為孔雀島的地方，他

㉓｜引自同上，p.272。

一心想著必會找到孔雀毛，但結果卻找不到。他這樣寫：

看來這個島並沒有遵守諾言，那些孔雀當然不堪告慰，不是人人
都可以見到它們嗎？我本應得到一些只屬於我的東西，其他人都
看不見，只有我才可以在草叢裡找到。這次失望不會那麼嚴重，
若果不是土地這位母親親自懲罰我。(*OWS* p.344)

兒童既處於一個尚未解咒的世界，在他們眼裡，細微瑣碎的
事物也可以有魔幻一般的魅力，當然成年人就只當無知和幼稚。
童年的回憶令人快樂的原因正在於人們可以重溫這一個尚未解
咒、土地是母親的世界。所謂成長就有如被逐出樂園一樣，不過
那棵知識之樹只不過是成年世界裡的特產。就如人們斷不可能返
回樂園一樣，童年回憶的意義不在於重溫孩提時代的溫馨，而是
以孩子的特有感觸來重新感受現在的一刻。班雅明說：「事實上兒
童可以做一些成年人完全不可能做的事，把新的事物重新發掘出
來。」㉔ 兒童對物品的親切關係是建基於物品的意義而不是由它
們的具體用途來決定，對兒童來說，每一件接觸過的物品都包含
了豐富的象徵意義；他們對物品的興趣也就不分新舊。班雅明指
出：

在廢料堆裡，他／她們認出物品世界轉過來直接和單獨地面對自
己。運用這些物品時，他／她們並不是模仿成年人的工作，而是
透過玩耍時所塑造起來的，把絕然不同的各種物料安放在一種新
的、直覺的關係上。因此，在大的世界裡，兒童製造了自己的世
㉔ | 同上，p.274。

界。(*OWS* pp.52–53)

對於舊的、被棄置的物品，兒童替它們「翻新」，把它們安放在一種新的關係網裡。另一方面，對於嶄新的事物，兒童亦做了同樣的工作。班雅明這樣寫：

起初，新科技的產品看起來確實就是嶄新而已。但到了下一個童年回憶時，這些產品便改變了特徵。每一個兒童都為全人類締造了一些偉大、不可替代的事工。透過科技現象的興趣，對機械和各種發明的好奇，每一段童年都會把科技的成就繫在舊的象徵世界上。㉕

把最新的發明繫在舊的象徵世界上的意義在那裡？在於「翻新」，因為在資本主義的生產方式下，新的發明不斷湧現，廢料往往就是昨日的新發明。新的發明的意義也就只在於它是新的，就如資訊的價值就在於作為新聞一樣。資本主義生產也就是一種對新事物的膜拜。發明的真正意義在於滿足人的需要，但在資本主義生產底下卻成了滿足人追求新鮮事物的需要而已。兒童把新的發明重新繫在舊的象徵世界上的意義就是重新發掘被資本主義生產所埋葬的希盼。可以這樣說：在兒童身上班雅明找到解決卡夫卡面對的困局的方法。人們確是需要舊的象徵意義來了解新的事物，但不是要傾聽舊的智慧，而是要找出被埋藏、未完成的舊希盼。這也是《商場研究計劃》的研究焦點。

㉕｜同上。

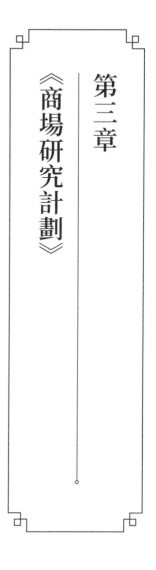

第三章 《商場研究計劃》

　　畢摩斯指出，班雅明那部尚未成形的十九世紀巴黎研究——
《商場研究計劃》，其實是有一套清晰可見的理論支架；是一套
「世俗的，把現代等同為夢境的社會心理學理論，同時亦設想從
夢中醒來的集體醒覺就是革命階級的意識」①。不過，即使是清
晰可見亦不是無可爭議，阿多諾 (Adorno) 對整個研究批評得最厲
害的便是這部分。中間涉及的困難在於班雅明對夢想的設想就有
如夢境的內容一樣，包括了多層意義；既有個人層面的，也有集
體的。在個人層面上，既有往事如夢的意義，亦有置身夢中的意
義；集體層面上亦然。班雅明對夢想的設想不只包括了主觀的希
盼和客觀的幻象兩部分，更包括了這兩部分重疊一起時所產生的
映像。就如我們雙目看見的映像，重疊一起時，更加豐富、深入。

　　上一章曾對童年和成年的分別稍作探討，這裡要指出，一方
面童年和成年是兩個不同的世界；但另一方面，每個成年人都曾
經是兒童，每個人都會有自己的童年經歷。不同背景的人當然會
有不同的童年經歷，但資本主義所引發的急促社會變遷令到每個
人的童年經歷都變得支離破碎。傳統的大家庭拆散為核心家庭宣
示的是人們長大後不會留在孩提時代居住的地方。事實上，童年
的住處十居其九早被拆掉，被新的高樓大廈取代。童年時代熟悉
的事物都變得罕有或破舊不堪，或成為人們懷舊的對象。這點正
是現代都市那種疑幻疑真，像夢境一般的特點的出處。像香港這
樣的城市，即使對在香港長大的人來說，這一刻的香港既有熟悉
的一面，又有陌生的一面；既有撩起回憶的景像，亦有令人不知
置身何處的地域。現代都市的幻象卻不只是為了新舊之間在時間

---

① Buck-Morss, *The Dialectics of Seeing*, Cambridge, Mass: The MIT Press, 1989, p.253，
這裡對《商場研究計劃》的討論極倚賴畢摩斯的研究。

上而言只是瞬息之間產生的變化，更為了人們很容易在新的事物裡找到與之對稱但卻是溯源於遠古的形式，班雅明稱這些形式為亞歷史形式 (Ur-historical form)。以十九世紀歐洲為例，一方面新的發明不斷湧現，但當時盛極一時的建築形式卻是新古典主義②。這種現象是偶然的還是歸結到深層的原因？近的例子有我們那座新中銀大廈，人們不是喜歡以陰陽五行的術語來形容它的特色嗎？

畢摩斯指出其實馬克思早已留意到這種用舊有語言、舊有習慣來看待嶄新的事物的現象。馬克思以學習一種新語言作比喻，開始時，人們總會先將新語言翻譯成自己的母語，只有停止這樣做時才算能完全掌握新的語言。因此馬克思認為要建立社會主義新社會就必須揚棄舊的一切③。班雅明對人們是否可以揚棄舊的一切，接受新事物有所保留，他問：

在力學、電影、機械工程和新物理學湧現的形式世界，那個在我們不知不覺間令我們完全臣服的形式世界，什麼時候和怎樣可以令我們清楚明白什麼是自然而然地屬於它們的呢？什麼時候，社會狀況能達到可以見到這些形式或是由之而生的其他形式把自己開放成為自然的形式？④

在上一章我們曾提到孩童時代的特色是不論任何事物，都好像是盤古初開一樣；孩子因此不會有歷史感，他／她們把嶄新事物和舊的象徵意義聯繫起來的做法也不難理解。如果事情發生在成年

② | 同上，pp.271–272。
③ | 同上，pp.122–123。
④ | 同上，p.123。

人身上，便需要解釋了，而這個解釋正好由孩童們提供了。就如孩童一樣，成年人其實也是缺少歷史感；對於人自己所建立的科技體系和由科技滲透的大自然，人們亦未能充分掌握。馬克思憧憬著在取消了私有制的社會主義裡，人們便可以成為真正的歷史主人翁，掌握著生產的工具和生產的過程。時到今日，我們已知道取消私有制之後，還需十分複雜的制度安排才可以保障直接生產者有效地控制生產；不然就只會出現共產主義下的種種扭曲。班雅明卻注意到人們的集體想像和科技的新形式之間的差距，意味著人們離控制生產的目的尚遙遠（即使在制度上體現了集體擁有）。但這樣並不表示舊的象徵系統就是一無是處，這裡涉及一條完全屬於意識層面的辯證法⑤。揚棄舊的象徵系統不一定就可以領略新的形式。人們未能覺察到新科技的原因不是因為舊象徵系統仍然存在，而是因為人們根本未能成為科技發展的主人翁。科技好像是獨立於人的，好像有自己的一套邏輯，不為人的意旨所轉移。另一方面，當人們運用新科技征服大自然時，好像是無往而不利。事實上，科技越進步，大自然便進一步被解咒。然而，除了空洞的進步論之外，人們便無法解釋新科技帶來什麼意義。

　　在這種情況下，舊的象徵系統不但無可取代，而且其中屬於神話的部分，亦即是說非歷史的部分，更是如獲新生。班雅明指出：「在資本主義作為一種自然現象的情況下，整個歐洲便隨之走進一個新的夢裡。隨著這個夢，神話的力量又再次恢復過來。」⑥這裡的歐洲是十九世紀的歐洲，整個歐洲進入夢鄉是因為中了資本主義的咒。但這個咒是無跡可尋的，資本主義根本沒有耍出什

⑤｜同上，p.124。
⑥｜同上，p.271。

麼惡毒的招式，它只是以自然的現象出現。一切都好像自然而然，無需任何解釋。從政治經濟學的角度來說，資本主義無需透過政治特權來攫取剩餘價值。由於勞動力也成了商品，攫取剩餘價值的問題已在生產的過程裡一併解決了。資本主義因此成了一個自我啟動的體系，這是它能夠以自然現象的姿態出現的原因⑦。這點也帶出資本主義和科技發展的密切關係，勞動的生產力越高，效率越大，剩餘價值也就越大。提高科技水平當然可以令勞動力相應提高。但還有一點是不可忽略的，當機器變得越複雜，工人的工作就變得越簡單，工人的技術也就越來越低，談判的籌碼也就越來越少。換言之，科技發展不是中性的，也不是自然的，而是控制著生產價值的勞動。科技不但駕馭著大自然，亦駕馭著勞動力。然而在資本主義生產的形式下，這一切都好像是自然而然的。

　　面對這種情況，班雅明不認為意識型態批判是唯一的社會實踐策略。他嘗試用集體做夢來設想在資本主義底下生活的群體意識，他和阿多諾之間最大的分歧也出在這裡。阿多諾認為由做夢到夢醒根本不是一個辯證的過程，他又認為班雅明對集體做夢的設想和榮格這位納粹支持者的提法相似⑧。後者以古老的原型 (archetypes) 出現於夢境裡作為集體潛意識的依據。但畢摩斯指出，榮格的集體潛意識是從生物學的角度設想的，是一代遺傳一代的⑨。而且對榮格來說，夢境呈現的古老原型是極富意義的；

---

⑦　參看拙作《從自由主義到社會主義》，香港，1983，頁 77–78。

⑧　見阿多諾於一九三五年八月二日寫給班雅明的信件，收入 Gershom Scholem & Theodor W. Adorno eds., *The Correspondence of Benjamin*, Chicago: University of Chicago Press, 1994, pp.494–503。

⑨　Buck-Morss, 1989, p.278.

在很大程度上，它們指示了人的靈性取向。班雅明所說的夢則是白日夢多於入睡之後做的夢，換言之，這些夢本身的意義不大，甚至不值一提，但卻絕對是表達著人們的希盼。不過白日夢是在意識層面內進行的，這也是為什麼人們通常很快會從自己的白日夢醒過來。我們或許可以稱班雅明的設想作潛意識的白日夢，這種奇特的夢的面貌是這樣的：

十九世紀：一種時空，置身其中的個別意識不斷自我省察，集體意識則相反，正深深陷入沉沉的睡眠裡。但正如一個沉睡的人（這裡有如一個瘋子）在自己的身體內作太空漫遊，同時正如他體內的聲響和感覺，……因著他從來沒有過的敏銳觸角，產生了幻覺或夢境；做夢的集體也一樣，在商場的走廊裡，這個集體掉進自己的內臟裡。這是我們要追蹤的，以期在時裝和廣告、建築和政治裡的十九世紀找到做夢的痕跡。⑩

　　當阿多諾批評班雅明的集體做夢設想時，他並沒有讀到上面的文字，他的批評只是針對班雅明在一九三五年為整個《商場研究計劃》草擬的提綱。不過，即使這樣，分別亦不大，因為阿多諾的批評從根本上否定做夢作為辯證法的論調。他指出：「商品令人沉迷的特質並不是意識裡的一項事實，但這是辯證法的最高意義，即意識是由商品所產生。換言之，不論是意識或潛意識都不可能把它複製成夢，而是既驚且喜地作出回響。」(*CORR* pp.495–496) 阿多諾的批評並沒有考慮到班雅明對夢的設想其實亦包括了希盼的意義，希盼這種意識的來源則出自兩方面：其一是過去

⑩ ｜ 同上，p.272。

尚未完成的願望，其二則是新事物帶來的憧憬。不過這兩種希盼只是概念上的劃分，在人們的意識裡，這兩種希盼是結合和互動的。班雅明指出：

在開始的時候，新的生產工具形式仍然由舊的主宰（馬克思），在集體意識裡呈現的相關映像也是新舊夾雜。這些映像其實是理想，是集體希望改造，甚至是超越不成熟的產品和社會生產制度的不足。從這些映像裡亦冒出一種與過時和落伍的東西劃清界線的努力，換言之，是脫離剛過去的時代。這種傾向令到本是由新事物所啟動的想像轉回到原始的過去。在每個世代藉以預見緊接而來的世代的夢裡，交織著原始時期的元素——即是說階級消亡的社會。這種社會的經歷保存在集體意識裡，並與新事物混合產生了烏托邦。它的蹤跡滿佈於成千上萬的不同形式的生命，由永久的建築到曇花一現的時裝。(*CB* p.159)

這段文字見諸班雅明在一九三五年為《商場研究計劃》草擬的大綱裡，亦即是被阿多諾批評的文字。畢摩斯指出，在上面的一段文字裡，班雅明其實提出一些重要的見解（如烏托邦意識的起源），但卻仍未進行具體辨明的工作⑪。雖然如此，阿多諾的批評仍有過於武斷之嫌，他認為「新事物充斥著舊的這種說法極之含混」(*CORR* p.499)。在上面所引的文字裡，新舊夾雜的說法包括兩個層次，首先是新科技和新科技的產品的層次。在一九三五年的提綱裡，班雅明便討論了鐵的例子。他指出在整個十九世紀裡，鐵這種現代建築不可缺少的材料卻只是用於一些臨時建築，

⑪ | 同上，p.115。

而不是用來建築永久的居所。後者的建築形式依舊沿用希羅時期
的模式，即所謂新古典主義 (*CB* pp.158–159)。在《商場研究計
劃》的檔案裡，班雅明抄錄了一段取自《資本論》的引文，其中
提到火車的製造過程的最早階段是模仿馬匹的跑姿的⑫。這個層
次的新舊夾雜是很清楚的，一點也不含糊；至於第二個層次的新
舊夾雜則要來得複雜，但亦不致於極之含糊。

　　第二個層面的新舊夾雜在於表達人們意願的一些映像，班雅
明認為這些映像其實是理想。它們是新舊夾雜，因為這些映像一
方面是由新的事物、新的科技所啟動，但它們表現的形式卻是返
回原始的過去。第一個層面的新舊夾雜是因為新的科技遠超出人
們的想像，是人們未能作出與新科技相應的想像。這個層面的新
舊夾雜是具體的，是新的事物未能擺脫舊的纏繞。第二個層面的
新舊夾雜則是新事物刺激人們重提原始的過去，原因是後者代表
著人們一直未能完成的願望，即階級消亡的社會。這裡，舊事物
不但不再束縛新的，反而要充分體現新事物的可能。不過，兩個
層面又是互動的。正由於新事物未能充分發揮其潛力，人們的想
像又遠遠落後，原始的過去才會重新恢復過來。後者的意義不是
復古，而是要超越新事物受到的制限。然而這些都只是停留在白
日夢的層次。畢摩斯三番四次強調，對班雅明來說，原始過去的
映像絕對不足以令人察覺到新事物和舊想像的鴻溝，但這些映像
又確實表達了人們要超越限制的意願⑬。

　　在班雅明的著作裡，提及階級的地方並不多，但每當提及都
別具深意。為什麼原始的過去和階級消亡的社會扯上關係？這裡

⑫　｜　同上。
⑬　｜　同上，pp.116 f.。

不存在浪漫主義的問題，班雅明從來沒有把原始社會等同為任何形式的大同世界。班雅明的主張是要把過去帶到現在，而不是返回過去。在前兩章，我們已討論了班雅明的史觀，對他來說，現在並不是過去的集成，就如將來不是現在的滿全。只有把過去帶回才算真正建立現在和過去的關係。過去沒有大同世界，也沒有黃金時期，而是未完成的願望——沒有階級的願望。「敵人（階級上而言）仍未嘗一敗」這句說話總結了班雅明對過去的理解。把過去帶到現在也就是要和我們被勞役的祖先重新建立聯繫，這並不是天方夜譚，因為這個祖先包括我們自己——童年時代的自己。把過去帶到現在的意義是在於照亮這一刻（不是為了保留所謂文物），過去怎可以照亮這一刻？在上一章我們已知道兒童（亦即是我們那位被勞役的祖先）可以做到一些成年人（即這一刻的我們）絕對不能做到的事：把新的事物重新發掘出來。兒童的超成年人能力源於他／她們仍未曾被一個「敵人仍未嘗一敗」的歷史吸納。在兒童的認識裡（不是潛意識），嶄新的事物亦如同神話一樣，兒童的認識正好和成年人的潛意識吻合。班雅明明言：「一個世代的童年經歷和做夢的經歷有很多地方是共通的。」⑭童年往事如夢的特質在於它好像是沒有過去，也沒有將來，就只有現在。換言之是處於歷史之外，恍似置身神話世界中。不過，在這個神話世界裡，兒童只是整天鬧著玩，不當一回事。對班雅明來說，兒童的心境提供了一條有別於理性化，而又能擺脫神話束縛的道路。這裡的理性化是指成年人分辨歷史與神話的能力，兒童沒有這種能力，但他／她們卻可以擺脫神話力量的束縛，反之，成年人縱使有這種能力，卻仍受到神話力量的束縛。這種把成年和兒童倒

⑭ | 同上，p.273。

轉的論說裡，涉及班雅明獨特的辯證法。

　　阿多諾在書信裡提醒班雅明：「神話不是對沒有階級分別的真正社會的希盼。」(*CORR* p.500) 其實班雅明是不會有異議的，神話就是未能達到這種希盼之下的妥協。它代表著人們屈從於盲目、不可理喻的力量。因此，神話往往就是自然力量神化後的表現。對班雅明來說，由於過去是未能完成願望的過去，因此過去的形象便和神話扯上關係。然而新的事物亦無可避免地沾上神話的色彩，因為新事物亦受到既有（有別於原始）想像的限制，舊的映像也就成了新事物茁壯成長的唯一養料。畢摩斯便非常恰當地稱新的事物為神話式的自然，而舊的則是神話式歷史⑮。新與舊之間也就不是黑格爾辯證法裡的正反兩方，但這樣說不等於新與舊並沒有分別。做夢的設想就是試圖在黑格爾之外另闢途徑來表達新舊之間的辯證關係。當班雅明把十九世紀巴黎出現的資本主義消費模式說成是集體做夢時，他的用意不是要批評人們醉生夢死，而是指出做夢往往是睡醒的先聲。更重要的是對班雅明來說，從夢中醒來的意義不在於清醒渡日，而在於將手中仍抓著夢裡遺下的絲線，織成真正美好的人生。從夢中醒來就是為了完成夢想，這是班雅明的辯證法。這套辯證法的關鍵不只是能否從夢中醒來，還在於怎樣醒來。亦即是說，醒來之後像成年人般對夢境一笑置之甚至斥為荒謬，還是像兒童一樣對夢中所見所聞深信不疑？

　　在第一個階段的研究裡，班雅明替《商場研究計劃》擬訂一個副題：辯證的童話境界。雖然到了一九三五年（亦即是寫成那篇被阿多諾嚴厲批評的提綱的一年），班雅明放棄了原有的副題，因為他自己認為過於文藝腔，但畢摩斯指出，班雅明一直沒有放

⑮ │ 同上，第四及第五章。

棄辯證法的童話境界這條線索⑯。在一九三四年寫成的〈卡夫卡〉
一文裡，班雅明指出：「童話故事傳遞的是戰勝神話力量的傳統」
(*ILL* p.117)，在一九三六年寫成的〈說故事的人〉，班雅明再次提
及童話。他說：「童話告訴我們人類最初如何擺脫神話放置在人們
心坎的夢魘。」(*ILL* p.102) 又說：「童話故事所擁有的解咒魔法並
沒有把大自然神話化，而是指出她和解放的人類之間的伙伴關係。
年長的人只能偶然間，即是當他快樂時，才感受到這種關係；兒
童則首先在童話故事裡遇到這種關係，並使他開心雀躍。」(*ILL*
p.102) 這樣看來，童話的意義有兩面：一是擺脫神話力量，二是
指出大自然和解放的人的伙伴關係。第一個層面是後來反省時了
解的，必須掌握了神話的概念才能理解，亦即是說只有成年人才
理解。第二個層面則是感性的，成年人要在快樂時才能感受到，
但對兒童而言則是不附帶任何條件。

　　我們再一次見到，成年人做不到的，兒童卻可以。因此兒童
絕對不是還未成年的人，而是生活於另一個世界的人，一個由夢
境和魔法織成而又解放的世界。這個世界也是未解放的成年人得
以解放的機緣。班雅明說：「悄悄地夢等著睡醒，熟睡的人只是暫
時付託給死亡，他正等候用計謀釋放自己的一刻。做夢的集體的
情形也是如此，他們的兒童就是促成睡醒的機緣。」⑰畢摩斯指
出，班雅明一方面要解除資本主義的魔法，好使新事物能夠盡展
所長；另一方面班雅明亦致力挽救著魔的力量，並用以改造社
會⑱。班雅明是否自相矛盾？在第一章裡，我們已提過班雅明不

⑯　｜　同上，pp.279–281。
⑰　｜　同上，p.275。
⑱　｜　同上。

認為科技進展等同社會進步。這裡要指出的是社會改進，科技亦
會相應改進；但這種改進不是更有效地控制大自然，或者是提高
生產力，而是科技的形式得到改進，成為調節人和大自然之間關
係的中介。在一九二八年出版的《單程路》，班雅明便作出這樣的
觀察：

科技的目的就是控制大自然，這是帝國主義者的教導。然而誰會
相信一個一邊揮舞著藤鞭，一邊高叫教育的作用在於讓成年人控
制兒童呢？教育最重要的不是為了調節世代之間的關係嗎？如果
還要用控制這些字眼，那麼要控制的是否只是這種關係而不是兒
童呢？同樣科技不是控制大自然，而是人和大自然之間的關係。
(*OWS* p.104)

　　班雅明對科技的特定見解可以解釋為什麼替科技解咒之餘還
需借助咒語的魔力來改造社會，如果解咒之後的科技是不再控制
大自然，那麼改造之後的社會又是怎樣？對班雅明而言，答案只
有一個，就是不會再有剝削。人與人之間不再有剝削和科技不再
是控制大自然二者又是直接關聯的，因為「在這種情況下，人的
勞動就會仿照兒童玩耍的模式進行。……這種因著玩耍而變得活
躍的勞動的目的不是為了生產價值，而是為了一個更好的大自
然」⑲。人的勞動當然是透過科技來進行，而解放的人（不再有
剝削）用的是解咒的科技；但解放的勞動是仿照兒童玩耍的模式
進行，這種模式的一個特點前一章已作討論。兒童在玩耍中不只
模仿成人的角色，更模仿物品。在玩耍裡，人和物品的分割得以

⑲｜同上，p.276。

克服。在解放的人的勞動裡，主體和客體的分割亦得以克服，這亦是辯證法最終希望達到的整合。但這種整合既不是思辯也不是階級鬥爭的結果，而是源於兒童的玩耍、兒童的特有感觀，亦即是世界還未解咒的感觀。不過班雅明的意思不是要仿效普魯斯特，沉醉在童年的回憶裡，而是借用兒童魔咒一樣的感觀。至於怎樣借用的問題，則留待睡醒後解決，因為只有睡醒夢境才可能成真。

兒童又是促成人們睡醒的機緣。我們已知道班雅明對做夢的設想一方面包括童年回憶往事如夢的夢，另一方面則是資本主義底下的集體做夢。本來童年回憶並不是夢，童年往事如夢的特質是由於童年一方面表達了人作為個人和作為整體的最原本的生活模式——玩耍；另一方面這種最原本的生活模式被成年人的世界否定和壓制，童年也就成了一段未能完成願望的時光。同時，在資本主義引發的急促社會變遷底下，童年時代的人與事均面目全非。伴隨著童年光陰的物品亦早被社會淘汰，餘下的東西不是破舊不堪就是像尖沙咀的鐘樓一樣，完全抽離於原有的境況裡。古人只是嘆息人面不知何處去，現在則更有桃花失去春天的芳香的處境。班雅明指出：

只有在一個完全失去從軀體自然引發的回憶的世代，普魯斯特才會成為一個現象。這個一貧如洗、無援無助的世代也就只能孤立地、零碎地，甚至病態地看待兒童的世界。[20]

這個世代的人的童年回憶也就有如一場迷迷糊糊的夢。更重要的是一個完全失去從軀體自然引發的回憶的世代，也就是一個從傳

[20] | 同上，p.279。

統的鏈帶斷裂出來的世代。這個世代也就有如卡夫卡作品中的執
士和學生一樣，失去寺廟的庇護或是《聖經》的聖訓。只有這個
世代才會為普魯斯特鼓掌，才會為著別人的童年回憶而感到欽羨。
兒童也就是促成人們夢醒的機緣，童年回憶雖然亦恍似夢境，但
較成年人墜進的集體做夢卻更勝一籌，除了因為童年回憶令人快
樂之外，更因為：

回憶的世界一個取代另一個的速度越快，其中的神話成分也越來
越快地浮現；而且越來越肆無忌憚。針對這些神話，一個絕然不
同的回憶世界需要加快建成。從今日的亞歷史的角度來看，這就
是科技突飛猛進的面貌。㉑

童年回憶就是這個絕然不同的回憶世界。

　　在一九三五年草擬的提綱裡，班雅明並沒有提及童年夢境的
說法，只是簡介了集體做夢的見解。畢摩斯認為如果班雅明在提
綱裡一併提及童年夢境的見解，阿多諾的觀感會大為改變，起碼
不會認為集體做夢的設想並不辯證㉒。回憶不是夢，但在資本主
義大都市的童年回憶卻變成夢。可是童年回憶的夢又是人們從集
體做夢醒過來的機緣，而醒來之後要做的不是別的，正是夢裡的
事物。這種設想絕對是辯證，而且班雅明對夢境的設想是結合特
定的歷史時間和空間——資本主義大城市裡的夢境，而不是榮格
那種跨越歷史時間和空間的設想。班雅明便花了十多年的時間搜
集十九世紀巴黎的資料，包括當時的商場、世界博覽會、時裝、

㉑　｜　同上，p.278。
㉒　｜　同上，p.280。

建築（尤其與鐵有關的）、廣告、賣淫、巴黎的街道、資產階級的內堂等等。在 N 檔案裡，班雅明有點令人費解地說：「我不用說什麼，我只需展出。」(*N* 1a, 8) 下一章，我們會進一步探討這句說話的含意。這裡，有一點是很清楚的，班雅明的目的不在於重新建構十九世紀巴黎的圖象，而是要說明十九世紀巴黎其實是一場夢，而且是一場未完，也可能不會完的夢。他要做的便是展示，以下我們看一看班雅明展出的物品怎樣說明十九世紀巴黎原來是一場夢，而且是一場十分奇特的夢。

首先是巴黎這座班雅明稱為「十九世紀的世界首都」，它是一座最現代的城市，但也是為了這個緣故，它表達了人們一個古老的願望——建造一座迷宮。迷宮當然是神話的材料，事實上班雅明認同超現實主義者對現代城市作為神話的溫床的見解。他這樣寫：「超現實主義者的巴黎也就是一個『小宇宙』，即是說，在那個大的宇宙裡，情形並沒有兩樣。那裡也會有十字路口，頻繁的交通閃亮著鬼魅般的訊號，不可思議的對比和連串事件卻是每日都發生的事情。」(*OWS* p.231) 班雅明的想法不只是說現代城市夾雜神話的成分，而是說現代城市就是神話活靈活現的化身：

十九世紀的亞歷史——如果我們只是理解為遠古事物的形式可以在十九世紀的清單上重新發現，這個說法不會有趣。要這個說法有意義，唯一方法是把十九世紀作為遠古事物的原型來展示；即是說要展示出一種形式，在這種形式下遠古時期的一總事物在十九世紀的獨特映像之內重新組合。(*N* 3a, 2)

我們不妨按照班雅明在一九三五年寫的提綱來檢查一下十九世

巴黎怎可以是遠古事物的原型。

十九世紀巴黎的一大特色就是在當時是獨一無二的商場。班雅明貫徹他自己的箴言：「不用說，只需展示。」他引用當時的一份巴黎遊覽的指南：

這些商場都是由琉璃蓋頂、雲石鋪地，而且店鋪一家緊接一家。店東們聯手締造了這種嶄新的工業奢華。走廊從天上得到照明，走廊的兩旁全是高貴的店鋪。這種商場簡直就是一座都會，甚至是世界的縮影。(*CB* p.158)

在這段旅遊指南的介紹裡，完全沒有提及鐵這新的建築材料，只有利用鐵才可以建成連續貫通的大型商場。然而十九世紀的建築理論仍一味以古典模式作為典範，說明人們的想像遠遠落後於生產力的發展。同樣，人們對現代都市的理解也是遠遠落後於都市本身的發展。十九世紀巴黎的一種時尚就是觀看一種鑲嵌在旋轉輪盤上的山水畫㉓，利用旋轉的輪盤，人們可以觀賞到「野外在一日之內的不同時分的轉變，或是月亮初升，又或者是奔騰中的瀑流」(*CB* p.161)。班雅明指出這種活動畫一方面代表著藝術和技術之間的關係的轉變（前者越來越倚賴後者），另一方面說明人們的意識是如何落後。十九世紀巴黎的人以觀賞山水為時尚的現象表示人們不能想像城市這嶄新的事物，只能以舊的遊山玩水的心情來看待。不過，城市生活確是令人迷惑，過去只有王侯貴冑才能享用的奢華，如今到處可見、可買。在這方面，商場的作用當然功不可沒，但世界博覽會更將商品的展覽價值推至高峰。在宏

㉓｜同上，p.82，圖 4.1。

偉壯觀的展場的襯托下，在無窮無盡的商品的蔭庇下，即使是最
普通的貨品也會顯得分外高貴，令人眩目。

　　商品的價值和它的實效脫鉤的現象是馬克思主義的核心問
題，班雅明便指出脫鉤的原因在於人們對商品生產的過程，包括
社會條件和技術的條件，根本無從了解 (*CB* pp.104–105)。當然馬
克思自己早已指出商品變成有自己的獨立生命，不受人控制的現
象其實反映資本主義底下的勞動不受勞動者自己控制的事實㉔。
對班雅明來說，商品變成有獨立生命和商品受到普羅大眾的膜拜
之間在分析上仍欠缺具體的聯繫。商場和世界博覽會這些十九世
紀新興的社會組織代表著這種聯繫，此外還有廣告和時裝。班雅
明指出一八五五年巴黎首次舉辦世界博覽會時，廣告這個字眼亦
開始被應用 (*CB* p.165)。廣告最能體現展覽的精神——眼看手勿
動。事實上，廣告形式的發展脈絡就是把商品昇華到不只是商品。
在香港長大的人一定會聽過或看過「點只喺汽水咁簡單」這句廣
告名句㉕。今日商品的獨立生命絲毫無損，但它的精神面貌卻是
完全倚賴廣告來塑造。換言之，商品成為膜拜對象不完全是生產
過程決定的，還有賴生產以外的社會機制。班雅明沒有預告廣告
的發展，但他卻從時裝的現象見到商品成為膜拜對象的相關社會
機制。

　　班雅明指出：「時裝釐定商品希望得到崇拜的儀式」(*CB*
p.166)，在時裝釐定的崇拜儀式裡，供奉的祭品不是別的，而是
人的身體。班雅明繼續說：「它（時裝）站在有機物質的對立面，

㉔　參看 Karl Marx, *Capital*, Vol.1, London: Penguin Book, 1976, pp.163 f.。

㉕　關於香港廣告的發展脈絡和整體社會的關係，參丘世文，〈從商業廣告發展看香港
　　社會文化〉，《今天》28 期，頁 172–182。

它把活生生的身體當做娼妓賣給無機物質的世界。對於眾生而言，它維護了死屍的權利。它的神經中樞是拜物主義，後者臣服於無機物質的性誘惑，商品參拜的儀式亦利用了這點。」(*CB* p.166)據嘉美·基洛 (Graeme Gilloch) 的研究，班雅明對商品膜拜的分析包括了三重意義。首先是意識上的問題，商品膜拜是現代版本的神話。其次是關乎由人創造的物品，居然以神祇的身分出現於人前。最後就是性慾的扭曲，物品成為性慾追求的對象㉖。時裝的例子最能說明商品膜拜的三重意義。時裝當然假定了這樣的一套標準：最新的就是最好，但時裝又經常毫不掩飾地宣佈復古。班雅明分析了其中的關鍵：

新款的特質和商品的使用價值是毫無關係的，這只不過是集體潛意識所衍生的映像產生的幻覺而已。這是假意識的最佳例子，而時裝就是努力不懈製作假意識的中介。這種新款的幻覺，像一塊鏡反射到另一塊的情形一樣，產生出同一事物幻化為無窮無盡的狀態的幻覺。(*CB* p.172)

時裝的意義就是追求新款，時裝的新並非完全沒有任何實質意義，但必須在具體的歷史情況下才可以顯示出來。畢摩斯指出，相對於傳統社會，衣著和個人的社會地位對等的做法，一味追求新款的時裝無疑是打破傳統的成規㉗。事實上，時裝就是「摩登」的象徵，不過時裝打破傳統之餘，連歷史本身也否定了；這是因為不斷追求新款的同時，過去的一切，即使是不久之前的事也拋

㉖　Graeme Gilloch, *Myth and Metropolis*, Cambridge: Polity Press, 1996, p.118.

㉗　Buck-Morss, 1989, pp.97–98.

諸腦後了。班雅明指出：「時裝是為了舒緩集體失憶產生的不良後果而開的處方。」㉘集體失憶的原由，第一章已有討論；時裝的處方則是治標不治本，對新款時裝的追求也就永無止境。這種情形和神話中同一事物永無休止地重現一樣，遠古的神話也就得以在時裝這種十九世紀才出現的獨特映像之內重新組合。

時裝否定歷史的另一層意義見諸主體和客體的倒轉。畢摩斯指出，時裝追求的新只能見諸物件上，不停推陳出新的是一件一件的衣物，而不是人自己。不只這樣，人的身體成了衣物的標本，人的身體必須永遠年輕才能表現出時裝的新㉙。時裝否認死亡，否認大自然的律則是枯萎腐朽，換言之是隱喻的對立。如果隱喻令人清醒面對歷史的局限，時裝則把盤結在歷史一絲一絲的意義洗刷殆盡，歷史成為空洞的時間。從這點來看，商品不但獨立於人，不但僭越了人作為主體的特質，亦僭越了大自然變幻無常的特質。在資本主義底下，人們要面對不斷變化的商品多過變幻無常的大自然。這亦解釋了商品把性慾扭曲成為對物品的追求，所有商品生產的物品都同時僭越了人和大自然的特質。另一方面，人的家居漸漸轉為內室；因為在商品生產下，人的生活居所和工作地點分開了。人生活的居所不再有任何社會的功能，只是個人工餘消費的場所。班雅明說：「他的客廳成了世界劇場的一個廂座。」(*CB* p.168)

時裝和家居的裝飾最能說明十九世紀的獨特時空，即是說「置身其中的個別意識不斷自我省察，集體意識則相反，正深深陷入沉沉的睡眠裡」。時裝和家居設計往往被認為是表現個人品味的方

㉘ | 同上，p.98。
㉙ | 同上，p.99。

法,個別的人確是不斷自我省察,以期在衣著和家居方面表現自己與眾不同。這些不斷自我省察的人卻只會加深集體意識的沉睡,他們的努力正是假意識的最高表現。衣著越出眾,由內至外、由意識到軀體,越受時裝的束縛。同樣,家居裝飾越講究,社會和個人的分割越徹底。 在氣派豪華的內室裡 ,「貧窮不會有立腳點……,就連死亡也沒有。它們沒有空間可容納死亡,因此它們的業主是死在療養院裡,而傢俬裝置則去了夜冷店(編按:意即「賣二手貨的店舖」)裡。它們冷不提防死亡到來,因此在日間它們是那麼溫馨,但到夜裡卻是我們惡夢的舞臺。」(*OWS* pp.328–329) 在上一章,我們已討論了忽視死亡的結果就是被死亡緊緊綑縛著。單從個人層面而言,死亡是無法超越的。家居越豪華,個人的私生活變得越重要。當生活完全退縮到個人私底下的層面時便也跟行屍走肉無大分別。此外還有貧窮的問題,在十九世紀的歐洲,一如二十世紀的香港,豪華的內室並沒有肆意向外炫耀,但已足以令到貧窮的人欽羨不已。在資本主義這個看似自然的體系裡,貧富的問題亦變成個人努力、個人際遇的問題,不涉及權力,沒有巧取豪奪,貧富懸殊的社會問題便也轉變成為集體的病態。就如時裝的追求無分貴賤一樣,貧窮的人亦同樣參與著「客廳成了世界劇場的一個廂座」的美夢。

到了這裡,十九世紀資本主義社會的生活如同集體做夢的說法應無異議。事實上,阿多諾的批評不在於這個說法的準確性,而在於它的政治意義。阿多諾一再提醒班雅明:「這個警告應該是清楚和足夠的,在做夢的集體裡,不存在階級分野。」(*CORR* p. 497) 在這個問題上,阿多諾是說對的,而班雅明亦無異議。當他回覆阿多諾時 , 他強調他們之間其實不存在嚴重的分歧 (*CORR* pp.506–508)。事實上，阿多諾後來對文化工業的分析其實亦用了集體做夢的說法，只是他認為在文化工業支配下的集體做夢是永無休止的，因為已完全沒有批判、抗衡的空間⑳。班雅明的設想卻不是將夢和理性對立，更確切地說是沒有把理性放在夢想之上。這點才是他和阿多諾之間的最大分歧。這點也是班雅明的理論裡最富意義而又最容易被誤解的地方，有必要一再申明。

在〈柏林記事〉這篇班雅明的童年回憶的文章裡，他指出：

在都市裡迷路只不過是無知的表現，沒有什麼稀奇也沒有趣；但若然在都市裡忘形（一如在森林一樣），那是需要另一種完全不同的教育。那時招牌和街名，行人、屋簷、攤擋或酒吧必定恍似被流浪者踏斷的樹枝，又或者是一隻受驚的鷥的叫聲一樣，向他呼喚；也可能是突然出現的空地，一片寂靜的中央，伸出一棵盛開的百合花。(OWS p.298)

在城市裡迷路和在城市裡忘形的分別生動地說出班雅明對集體做夢的設想的不同含意。資本主義底下的集體做夢是在城市生活的背景下進行，不單只這樣，城市的結構本身就包含著疑幻疑真的特點。班雅明指出人們初到一個城市時的印象一方面是特別深刻，但另一方面卻總是不能完全回想。原因是第一次接觸某個城市的獨特感覺在於眼前景物既近且遠，若即若離一般，一旦熟悉了這個城市，知道自己的方位後，眼前的景物不再陌生，也就失去了第一次接觸時的獨特距離 (OWS p.78)。因此，嚴格來說，初次踏足一個城市，人們只會忘形不會迷路，因為在全然不知自己的方

⑳ | Theodor W. Adorno, *The Culture Industry*, London: Routledge, 1991, pp.85–92.

位時，便不會有目標，也就不會迷路。忘形和迷路二者的分別也就在於前者無需目標，後者則是迷失目標。做夢的不同意義也在這裡，做夢可以代表著迷失目標，但如果人們能夠不受任何目標的規限，做夢本身就是饒有意義的事。

　　童年回憶的意義也是一樣，兒童和物品的親切關係是建基於一種既不受商品膜拜沾污，而且連使用價值也不在考慮之列的關係上。童年往事如夢的一個原因就是童年不只在時間上一去不復返，而且更加因為童年那個無拘無束、無牽無掛、不受任何目標的規限的世界在成年人的眼中就只能是夢，是脫離現實的夢。然而，每個人都經歷過童年，這段真確的經歷如果在回想裡顯得不真實，那是因為成年人的世界其實是做夢，要從這場夢裡醒來就首先要把童年的夢帶回來。這裡需要重申班雅明的立場跟普魯斯特不一樣，把童年帶回來和借助咒語的作用的意義是一樣的，是要照亮現在這一刻而不是返回過去。不過現在這一刻並非漆黑一片，反之是充滿各種可能，連人們最古老的夢想也可以實現。現代城市就是明顯的例子，班雅明說它是神話的原型，因為古人夢想建造的迷宮，規模遠遠不及一座現代城市。換言之，在現代城市裡迷宮的形式才充分得到發揮。然而城市作為迷宮的特質卻不是人們的日常經歷，越熟悉某個城市，迷宮的特質就越無從經歷。

　　明白城市作為迷宮的意義在那裡？困在迷宮裡當然不容易找到出路，但如果連困在迷宮的事實也不知曉就注定永遠困在迷宮裡。然而現代城市作為迷宮的說法是否過於文藝腔？迷宮的困惑是人們無法總結到經驗，走來走去都是原地踏步；這點正是現代都市生活的特徵。從政治經濟學的角度看，現代都市的興起和商品經濟的發展是分不開的。商場、展覽、時裝等為都市生活加添

色彩的同時，也牢牢地把商品膜拜的枷鎖套在人們的身上。另一
方面，城市生活當然不是單純消費商品，還有生產商品的環節。
不過在商品生產裡，人和大自然的接觸不再構成生產中的一項要
素。人只是依照機器運作的規律進行生產，在商品生產中，人的
動作只是無休止地重複著同一個動作，因此不會產生經驗累積（參
看第一章）。消費商品也是一樣，因為人們追求的新款和商品的使
用價值完全沒有關係。這種消費是不可能累積經驗的，班雅明指
出：「它是幻覺的來源，後者不可分割地屬於集體潛意識所衍生的
映像。……這種新款的幻覺像一面鏡照在另一面一樣，在無窮盡
的相同幻覺裡反映出來。」(*CB* p.172)

在這種情形下，咒語的作用就有如亞迪亞蘭的線球
(Ariadne's thread) 的一端縛著的定點一樣，在現代城市以外來測
定人們的方位。班雅明要借用咒語的魔力來達到解放的目的的意
義也在這裡。畢摩斯指出，咒語所表達的威力在現代社會的條件
裡其實已是具體歷史能力範圍內的事。在現代社會的情況裡，咒
語就是一套人們可以找出各種歷史可能的索隱㉛。即使哈伯瑪斯
這位力圖把啟蒙思想重新發揚的學者亦沒有排斥借用咒語的魔力
的說法。在一篇頗具影響的論文裡，哈伯瑪斯指出咒語無非是遠
古人類模仿大自然可怕的力量的一種形式。它一方面代表著人類
對大自然的依附，但另一方面，透過模仿替盲目可怕的自然力量
加上意義。哈伯瑪斯認為班雅明的目標一方面是終止人類對盲目
可怕的自然力量（即神話）的依附，另一方面卻要保留模仿大自
然和締造意義的能力。哈伯瑪斯不反對這種目標，他甚至認為這
個目標有深遠意義。不過他懷疑這個目標能否達到㉜，即使達到

㉛ | Buck-Morss, 1989, p.248.

他亦懷疑其具體政治作用。對哈伯瑪斯來說從神話式的文化傳統
解放（但同時保留締造意義的能力）並不等如從政治壓迫得到解
放。他認為馬克思主義傳統的意識型態批判才是有效的政治實
踐㉝。其實意識型態批判能夠達到的無非是提高人們的意識，和
班雅明所說的夢醒並無衝突。不同的是意識型態批判是針對性，
批判是批判資產階級意識型態，提高的則是工人階級的階級意識。
班雅明說的夢想卻非一般意義的夢醒，因為夢醒只為使夢境成真。
但這個夢境是集體做夢的夢境，正如阿多諾所指是無分階級的。
因此哈伯瑪斯的批評其實是用了一種他自己的著作不甚重視的階
級政治。不過這點並不重要，重要的是班雅明的提法是否與階級
政治沾不上邊？這個問題的重要性在於如果集體做夢和夢醒的提
法與階級政治沾不上邊，那麼班雅明要神學和歷史唯物論聯手的
意圖便注定失敗；他的理論也就恍似是性格分裂了。

　　對於集體做夢的提法，阿多諾不致於完全反對，他只是要求
班雅明分析集體做夢的過程是如何由商品膜拜所引起。這要求假
定了集體做夢只是商品膜拜的伸延，換言之阿多諾的批評最終是
希望引導班雅明依循意識型態批判的模式。對阿多諾而言，集體
做夢可以提，但只是作為商品生產下意識型態扭曲的案例而已。
班雅明則試圖發掘集體做夢裡的負面的與正面的不同含意。在發
掘的過程，班雅明其實已達到阿多諾的需求，展示了集體做夢和
商品膜拜之間的辯證關係。我們可以簡單總結這種關係：在資本
主義底下，手工藝的生產方式被淘汰，人們對物品的生產過程和

㉜　Jurgen Habermas, "Walter Benjamin: Consciousness-Raising or Rescuing Critique", in
　　Gary Smith ed., *On Walter Benjamin*, Cambridge, Mass.: MIT Press, 1991, pp.112–113.
㉝　同上，p.120。

生產條件全不知曉,即使是直接的生產者也不再是生產整件物品,物品因而變成獨立於人。另一方面,由資產階級的內室以至商場的櫥窗卻是充斥著物品。換言之,當人和物品越來越疏離時,人卻被物品包圍。令人疑惑的是物品充斥的現象又好像宣示一個訊息——物質世界是這樣的豐富,沒有剝削,無分階級的理想國正近在眼前,然而每件物品都有它的代價,而且是一種人們無法想像(因為跟使用價值脫鉤)亦無法控制(因為獨立於人)的代價。在這種矛盾重重的生活經驗裡,資本主義空前生產力締造的富裕社會變成是神話一樣可望而不可即。這裡的分析跟馬克思主義的意識型態批判是一致的,畢摩斯指出後者的結論是商品生產的形態把歷史的進程束縛在神話的模式上。班雅明的不同是他認為單是馬克思主義不足以解除商品縛在歷史身上的神話枷鎖,還需借助神學 , 後者無非是人類歷史裡 , 嘗試超越大自然的限制的傳統 ㉞ 。

　　這裡有兩個問題,首先是馬克思主義是否真的需要借助神學來解除神話的枷鎖。其次是解除神話枷鎖的政治實效的問題。兩個問題自然是相連的,如果解除神話枷鎖並無政治實效,借助神學便是多此一舉了。借助神學是絕對需要的,因為對班雅明來說,解除神話的枷鎖的同時亦要保留咒語的魔力。哈伯瑪斯並不反對保留咒語的魔力的做法,他甚至認為忽略這點,「按照人類的需要來解釋世界的詩意能力便會消失」 ㉟ 。問題是怎樣做?他質疑既要從神話解放又要保留咒語的魔力的動力來源。他認為在這個問題上班雅明無可選擇地掉入唯心主義的陷阱,訴諸偉大的心靈來

㉞ | Buck-Morss, 1989, pp.248–249.

㉟ | Smith ed., 1991, p.112.

解決問題。這也是哈伯瑪斯認為班雅明的提法不能有政治實效的重要理由。

對於哈伯瑪斯的批評畢摩斯強調班雅明和意識型態批判的一致性，她卻沒有回答怎樣可以既解除神話的枷鎖又保留咒語的威力，而又不掉入唯心主義的陷阱的問題。以下我們以奧德塞和西王的遭遇作為具體的案例，嘗試解答問題。有趣的是阿多諾和班雅明都不約而同對這個神話故事做了評論。阿多諾的評論見於他和霍克曼合著的《啟蒙辯證法》一書裡。在這部書裡，奧德塞克服西王的誘惑一節被看成是資本主義社會裡藝術的境況的寫照。本來西王的歌聲是無可抗拒的，其誘人之處在於它訴說一切曾經發生過的事。聽到歌曲的人會十分快樂，因為一切事情都得到了斷。然而快樂是要以死亡作為代價的。奧德塞不想錯過西王的歌聲，但亦不想付出自己的生命。他想到一個辦法，他命令隨從用蠟塞著耳朵，自己則牢牢地縛在桅上。阿多諾和霍克曼這樣分析這段故事：

誘惑越大，奧德塞把自己縛得越緊，就如後來的布爾喬亞不會讓自己快樂，尤其當他的財勢不斷增加，快樂越來越近的時候。奧德塞聽到的對他來說是不會有任何結果的，他仍可以點一下頭表示要替他鬆縛，但已太遲了。他那些什麼都聽不到的隨從只是知道西王危險而不知她多美麗，也就只會任由他縛在桅上，使他和自己都能脫險。他們把自己和欺壓者的生命連上，而欺壓者亦不可能擺脫他的社會角色。令他什麼都做不到的繩索亦同樣縛著西王，她亦不能做任何事。她的誘惑被中和變成鑑賞的對象，變成藝術。㊱

這一段分析不但點出奧德塞和西王之間兩敗俱傷的局面，更帶出奧德塞和隨從的辯證關係。但這種關係只有部分按著黑格爾的描述發展。奧德塞這位主人，因為無需參與撐船的工作，才可以把自己縛到桅上。隨從們要撐船，因此他們不用綑縛，亦更有能力替奧德塞鬆縛。黑格爾描述的主人和奴隸的辯證關係暫時仍適用，但隨員的耳朵都塞著聽不到西王的歌聲，他們毫無意圖替奧德塞鬆縛。「他們把自己和欺壓者的生命連上」，不過這只是一廂情願的想法而已。如果西王的歌聲代表著夢想，奧德塞和隨從的例子說明受壓迫者不可能會有夢，夢成了資產階級的專利。但這種夢只能有心理上的意義，頂多是一點心理補償。這種夢當然不是班雅明設想的夢，但另一方面如果西王的歌聲代表著快樂，班雅明的見解在一定程度上已被阿多諾和霍克曼採納了，因為二人把政治壓迫和對快樂的認識直接聯繫。我們知道對班雅明來說，人們對快樂的感覺完全決定於過去的經驗。西王歌聲訴說著過去的事情，她帶來的是遠古時候人類安撫一個盲目、不友善的世界所感受到的快樂。隨從們已從這種快樂隔絕，因而在政治上軟弱無力。集體做夢沒有階級分野只因資產階級取得專利，被壓迫的階級被排拒而已。

在〈卡夫卡〉一文裡，班雅明討論了卡夫卡的一個故事〈西王的沉默〉。在卡夫卡的版本裡，奧德塞遇見的西王並沒有歌唱，因為沉默才是她最厲害的武器。班雅明試圖詮釋其中的意義：「卡夫卡的西王是沉默的。或許對卡夫卡來說，音樂和歌唱表達了最低限度可以有象徵上的脫身，一種象徵上的希望，這種希望來自

㊱ Theodor Adorno & Max Horkheimer, *Dialectic of Enlightenment*, London: Verso, 1979, p.34.

那個中間的世界，是不完整，又極之平庸；令人安慰但又愚昧。」
(*ILL* p.118) 其實不只卡夫卡的西王是沉默的，班雅明的西王也一
樣是沉默的。對班雅明來說，神話一方面是人類向大自然屈服妥
協，但另一方面則換來對本來是盲目、不可理喻的力量的一種解
釋，也就表達了人締造意義的嘗試。但大自然對人的影響已被商
品生產所僭越了，沉默的西王表達了神話的貶值。歌聲動聽的西
王在商品生產的年代已絕跡了。阿多諾和霍克曼的分析則指出西
王的歌聲雖不致消失，但卻失去作用，因為能夠聽到歌聲的是那
些把自己綑縛起來的人。二人的分析也就間接否定班雅明的核心
思想——從神話解放的同時保留神話的正面意義。面對神話的威
脅，奧德塞清楚計算要採取的步驟——把隨從的耳朵塞著，自己
則縛在桅上。表面上，他成功了。他達到既聽到歌聲又無需付出
生命的目標。然而正是這種計算式的想法令到奧德塞不可能對西
王的歌聲（快樂的呼喚）作出回應。阿多諾和霍克曼的結論是神
話其實亦代表著人類思想的啟蒙，但這種啟蒙是十分有限的。它
能夠達到的就只是一些具體的、可以事先釐定的目標，但卻不可
能對常規以外、不能預計的事情（如奉獻自己的一生）作出回應。

　　阿多諾和霍克曼關心的是理性的自我限制，限制為工具式的
理性。班雅明則嘗試指出神話貶值變成劣幣的問題，班雅明贊同
卡夫卡的見解，沉默才是西王最厲害的武器。十九世紀巴黎是神
話的原型，神話的形式就如貶值的貨幣一樣到處泛濫。但這些神
話形式（如迷宮一樣的城市）都是以沉默的西王的姿態出現，現
代的神話就是沒有神話。阿多諾和霍克曼大抵不會反對將問題如
此鋪陳，但他們認為這種局面是啟蒙思想自我閹割做成的，如果
仍可以挽回局面的話（他們不認為可以）就只能從理性入手，而

不是班雅明的方法——借用咒語的魔力。他們未有充分考慮在一
個只講求工具理性的世代裡，咒語和魔法的政治作用。相反哈伯
瑪斯卻較仔細地考慮了其中的問題。他同意咒語和魔法保留著人
類歷史裡自由締造意義的年代，將這段美好的回憶保留下來本來
就已是富意義，然而政治實效方面則有所保留。他指出：「在想到
錯失的機會的憂傷裡、在重燃正在熄滅的片刻歡愉的當兒，對世
俗化的進步的歷史感亦出現完全衰萎的危險。不錯，這些進步亦
會產生退步，但政治實踐亦在這裡開始。」㊲哈伯瑪斯認為班雅
明以過去的經驗作為鑑定歷史演進裡出現的新事物的做法（例如
以迷宮來鑑定現代城市）最終只會否定歷史演進的概念，因此不
利政治實踐，後者必須假定歷史演進。

　　總的來說，班雅明和阿多諾的分歧不在於對現代社會的特有
形態的分析，而在於這種形態是怎樣形成的。哈伯瑪斯對班雅明
的批評則集中在政治實踐的問題，在一九七二年發表的論文裡，
哈伯瑪斯沒有討論到夢醒和政治實踐的關係。如果夢醒是從虛無
縹渺的狀況返到現實，如果夢醒的意義在於接受現實，哈伯瑪斯
的批評便無可反駁。當然班雅明致力的夢醒不是這樣，這點哈伯
瑪斯亦很清楚，但他認為既要夢醒又要像夢一樣不受現實約束（可
以自由締造意義）就有如冥想中的修道士一樣，面容埋在那頂與
道袍相連的帽子裡。哈伯瑪斯的結論是：「我的論題是班雅明未能
成功地達到他要結合啟蒙和神祕主義的意圖，因為他體內的神學
家不願看到他那救贖式的經驗理論服務於歷史唯物論。」㊳很明
顯，哈伯瑪斯並不是以辯證的眼光來看待夢醒和夢境成真的關係，

㊲　Smith ed., 1991, pp.117–118.
㊳　同上，p.114。

他將這種關係看成是啟蒙和神祕主義的結合。同樣，他亦沒有辯證地看待新與舊的關係。他根據班雅明對傳統鏈帶斷裂人生經歷亦變得支離破碎無法成為生活體驗的說法，認定班雅明不能處理歷史演進的問題。歷史演進的概念是啟蒙思想的一項見解，班雅明沒有像阿多諾和霍克曼一樣全面否定啟蒙思想的成就，他只是反對一種空洞的樂觀，用進步的名義埋藏過去的不義。他其實是倡議另一種進步的觀念──人們可以全盤接受過去。

　　其實哈伯瑪斯亦察覺到歷史演進的概念和將過去帶回來的主張並不一定是互相排斥的，在文章結尾時，哈伯瑪斯有點無奈地問：

會否有一日解放的人類在一個廣闊自在成長的空間裡見到自己，但藉以鑑別生活好壞的光線卻被奪去呢？一個因著合法壓制而被剝削超過一千年的文化會採取這樣的報復形式：在克服了長年累月的壓制的時候，它不會再庇護暴力，但亦不會有內容。㊴

這裡哈伯瑪斯只是擔心將來解放的人類會生活得頗為沉悶，班雅明的主張也就有如加添色彩一樣。到了一九八八年，在一篇紀念法國大革命的演講裡，哈伯瑪斯這樣說：

在政治溝通中，日常的事物必然會被庸俗化，這個事實對意義泉源亦構成威脅，而後者又是政治溝通必須吸取的補給。一個沒有刺的文化只會被要求補償的心態吞噬……任何宗教，無論怎樣聰明地適應，都不能阻止這種意義的失效。即使當超越日常生活的

㊴｜同上，p.123。

具體內容的主張可以在沒有先決條件的情況下檢定其真確性的時刻到來了，亦於事無補。另一種超越保留在未完成的許諾裡，這些許諾由批判地吸納傳統藉以建立認同感的宗教所展示。還有一種超越則被保留在現代藝術的負面性裡。瑣碎和平凡的事必須接受那些絕對是奇怪、神祕和詭異的衝擊。⑩

很明顯，哈伯瑪斯對班雅明的觀感出現了頗大的轉變，人締造意義的能力從甜品的角色變成重要的食糧，政治解放和神話代表的締造意義不再是互不相關。哈伯瑪斯曾經在另一次演講中批評阿多諾和霍克曼在《啟蒙辯證法》這部書裡的觀點，認為是把啟蒙思想和神話糾纏不清。二人假定了政治解放已不可能，因而誤以為理性的扭曲就是理性的必然發展⑪。從這點看來，哈伯瑪斯大抵會贊同西王已沉默的說法，而且從一九八八年的演講所作的修訂，他亦會同意沉默才是西王最厲害的武器。西王變得沉默只代表著神話貶值，神話變成只有負面意義而無正面意義。這點也解釋了為什麼卡夫卡的世界的一個軸心源於比神話還要古老的世界，他的過人之處在於他看穿西王已沉默的祕密。班雅明說他是：「一個末世的奧德塞，任由西王擦身而過，『他的目光緊盯著遠處，在他的決心底下，西王好像消失了；當他和西王最接近時，他已不再察覺到她。』」(*ILL* p.117) 當然，西王並沒有消失，不只沒有消失，而且幻化為無窮盡的化身——一件又一件的商品。哈伯瑪斯曾經質疑怎可以既擺脫神話的束縛又保留神話的魔力，但

⑩　Jurgen Habermas, *Between Facts and Norms*, Oxford: Polity Press, 1996, p.490.

⑪　Jurgen Habermas, *The Philosophical Discourse of Modernity*, Oxford: Polity Press, 1987, pp.106–130.

班雅明的想法其實是只有運用神話的魔力才可以擺脫神話的束縛。箇中的原因就是西王變得沉默，幻化為商品。當然商品和西王的歌聲同樣是為了誘惑人，但前者提供的只能是「永遠的重複」，後者則是「從未所聞，從未見過，是幸福的頂點」。兩者對人施加的限制也就不同，如果西王的歌聲令人從此滯留下來，商品則似乎令人漫無目的的到處遊蕩。

　　這裡引出一個與近年興起的文化研究相關的課題。在好些文化研究的課程裡，阿多諾和霍克曼所代表的法蘭克福學派的理論，一如馬克思主義一樣，在未深入探討之前就被判處死刑。其中一點依據就是現代社會的消費模式並不是阿多諾和霍克曼二人所說的「文化工業」所決定的。現代消費模式和漫無目的的遊蕩是緊密相連的，與其說「文化工業」決定人們的消費模式，不如說是遊蕩決定了「文化工業」的生產方式。所謂「後福特主義的生產」無非是針對遊蕩這種無目的的消費模式。的確，阿多諾和霍克曼忽略了遊蕩、逛商店這種生活方式或文化現象的研究，但如果生產不是徹底商品化，就根本不會有遊蕩、逛商店這種習慣（試想七〇年代的中國大陸）。「文化工業」的設想基本上是正確的，絕不過時，只是欠缺了遊蕩和逛商店的分析。這個漏洞其實不應出現，因為《商場研究計劃》正好針對了這些問題。逛商店絕對不是漫無目的，而是為了見到最新的產品和被人見到自己。逛商店不是遊蕩，而是邀遊。

　　就如時裝一樣，一件新產品推出後，接著又會有新產品，這是商品生產的特色。另一方面，由於新產品的新往往表現為某種文化形式，因此阿多諾和霍克曼用「文化工業」來進一步表達商品生產的特定模式。因此，同一件商品會幻化成不同的形式，班

雅明把這種情況比作一面鏡照到另一面再照到另一面。當然一切都是幻覺，但這是真有其事的幻覺，因為整個社會生活就是建基在這種幻覺上。這真有其事的幻覺的另一個意義是因為科技確已達到了可以締造新事物，一種前所未聞的事物。這裡的新是因為不再生產價值，科技已達到調節人和大自然的關係的水平。商品生產和消費的幻覺也就是一場夢，一場把科技的可能扭曲為永無休止的生產和消費的夢。阿多諾和霍克曼誤以為這種扭曲就是理性的扭曲。班雅明則指出這種扭曲包括兩方面，一是新的事物未能出現，此外更涉及舊有事物的神話部分重新恢復。在阿多諾和霍克曼的分析裡，理性和神話起碼在概念上是對立的；對班雅明來說，由於神話亦被扭曲，被抽離原先作為人締造意義的境況，把這種境況投射在商品生產的幻覺裡，亦即是現代社會那個沒有神話的神話才可望打破商品生產的整體。

《商場研究計劃》不只是一部沒有完成的著作，它根本就不曾成形，連具體的章節也不曾訂下。但它同時是一部龐大的著作，它就有如它的研究對象——現代大都會——一樣，既是個龐然大物，但又永遠不會完成，而且不會有固定形態的。即使班雅明可以避過納粹分子的追捕，與阿多諾、霍克曼等人會合，繼續他的大作，他亦未必會完成這部巨著。他要捕捉現代都市的形態，但這種形態的特點就是不穩定、充滿幻象，充滿表面上是漫無目的遊蕩的遨遊者。因此班雅明強調自己不用說，只需展出。論說要完整，有始有終；展覽的開始和終結則只是時間上的限制，本身並沒有意義。展覽（即使是同一個展覽）亦不一定要一個固定的形態，不固定的形式更可以有效地連帶展覽所需的技術條件和社會條件一併展示出來。沒有成形的《商場研究計劃》也就讓我們深刻體會班雅明的寫

作方法和寫作條件。況且，在波特萊爾這位自知已失去無上光環的
詩人身上，班雅明找到一個同樣要替稍瞬即逝的事物加上形式的
人。透過班雅明對波特萊爾做的展覽，我們可以形象地把《商場研
究計劃》再說一次。這也是下一章的工作。

第四章

波特萊爾

　　《商場研究計劃》的一項創舉就是把一部用文字寫成的作品當作一件以映像為主體的展品展示。計劃如果成功，文字和映像之間的關係便比一般想像密切得多。《商場研究計劃》是一部沒有完成的作品，我們怎樣衡量它是否成功了？計劃其中一個編號 J 的檔案是搜集和波特萊爾有關的材料，這個檔案亦是各檔案中材料最豐富的，佔了全部的百分之二十[1]。可能因為材料豐富，班雅明在一九三七年計劃先寫一部關於波特萊爾的書作為《商場研究計劃》的模型[2]。計劃得到霍克曼主持的社會研究學院 (Institute for Social Research) 的財政支持。一九三八年的秋天，班雅明寫完計劃的中間部分（共分三部分），交社會研究學院的刊物出版。這篇文章的題目是〈波特萊爾身上的第二帝國的巴黎〉[3]，阿多諾以刊物的編輯的身分提出嚴厲的批評，並否決文章的出版 (*CORR* pp.579–585)。班雅明後來把文章的中間部分改寫成那篇我們已曾討論的〈波特萊爾的一些主題〉，再交社會研究學院出版，並得到接納。

　　兩篇波特萊爾的文章最大的分別是在第一篇文章裡，班雅明完全沒有嘗試把波特萊爾結合任何的理論來討論；這點亦是阿多諾主要針對的地方。在第二篇文章裡，班雅明則把波特萊爾結合經驗和回憶的問題來討論。如果硬要把兩篇文章比較，那麼第一

[1]　Buck-Morss, 1989, p.205.

[2]　關於波特萊爾的研究和《商場研究計劃》的關係，參看班雅明於一九三八年九月二十八日寫給霍克曼的信件 (*CORR* pp.572–575)。

[3]　張旭東、魏文生譯作〈波特萊爾筆下的第二帝國的巴黎〉是草率和不恰當的。在[2]所引的書信裡，班雅明指出研究的第一部分是「波特萊爾作為隱喻」，第二章亦即中間的部分則要提供相關的社會學資料作為佐證，絕不限於波特萊爾筆下的巴黎。事實上，張、魏二人的譯法亦與英文版譯法有所出入。

篇波特萊爾的「優點」是它代表著班雅明自己心中所想寫的著作。班雅明本生於富裕之家，但自他那篇後博士論文《德國悲劇的起源》未被接納，無緣進入學院任教之後，家庭的財政支持亦終止了。寫作成了他的維生途徑，因此他寫的文章在選題上往往受制於人。在一封寫給摯友史高林的書信裡，班雅明總結了自己的處境：

在過去的十年裡，我的思想替自己形成了一種以文學形式表達的方式，這是完全基於那些我用來抗衡思想崩潰的預防措施和解毒劑，正是那些偶然的工作構成無時無刻的威脅。雖然我的好些或是為數不少的作品曾經是小規模的勝利，它們卻被大規模的挫折抵消了。我不想提那些只能任由未完成，或甚至是未開始的計劃。我只需在這裡說出四本代表廢墟或災難的遺址的書，它們最遠的界限我仍無法視察， 即使我任由雙目浪跡於未來的歲月裡。(*CORR* p.396)

作為一個文人，班雅明在特定的文化圈子裡其實頗具盛名，但他對文人的局限比任何人都清晰。他所說的四本書當然包括《商場研究計劃》，至於偶然的工作則是一些應約而寫的作品。波特萊爾的研究不是偶然的工作，一如他的其他計劃，他寫了中段之後就被迫放棄。雖然如此，這篇未完成，也沒有開始的作品卻讓我們看到由文字組成的文章怎樣可以成為一件展品。

　　文章的結尾轉述了十九世紀中葉法國最著名的造反者布朗基(Blanqui) 一段奇特的事蹟——在巴黎的市中心舉行一項閱兵典禮。受檢閱的當然不會是拿破崙三世的軍隊，而是布朗基的追隨

者。班雅明引用了一八九七年在巴黎出版的一部著作的相關描述：

> 布朗基離家時是懷著槍械的，他跟姐妹們道別，然後進駐他在香
> 榭麗舍大街上的據點。按照原來與格朗杰（Granger，布朗基的助
> 手）的協定，這支由布朗基神祕地統領的軍隊將會通過接受檢閱。
> 他認識每個隊長，現在，他應該可以見到緊隨著每個隊長的人馬
> 整齊地在他跟前操過。一切都按計劃舉行了。布朗基在人們絲毫
> 未有察覺到這個奇特的景象的情形下舉行了閱兵禮。這個年紀老
> 邁的傢伙靠著一棵樹站在大群人中，他們也一樣在觀看，而且細
> 心留意著他那隊伍整齊、靜默地走過來的朋友們；周圍卻是不斷
> 被呼喊打斷的私語。(*CB* p.101)

　　引述是班雅明著作轉為展品的一種重要策略。引述必然是引
述過去的某個片段，在引述的過程裡這一個片段從過去連續不斷
的敘述裡抽離，打亂它原先的意義。但引述不是只有破壞，對現
在這一刻引述可以發揮點醒的作用④。一個以推翻政權而聞名的
造反者，居然可以在巴黎的鬧區舉行閱兵典禮，這點一方面說明
統治者，即使是大權獨攬的統治者，也不可能安寢無憂；另一方
面則畫龍點睛地令人看到現代都市裡無時無刻不存在但卻未必察
覺到的景觀──人群。布朗基的閱兵典禮能夠順利舉行是因為人
群本身就有如閱兵典禮一樣，同樣是一種景觀。維多利亞港上空
放煙花是景觀，兩岸圍觀的數以十萬計的人群也是；因此在電視
機前觀看足球比賽和在一個座無虛席的球場內觀看是完全兩回

---

④　Norbert Bolz & Willem van Reijen, *Walter Benjamin*, New Jersey: Humanities Press, 1996, p.53.

事。班雅明要捕捉十九世紀巴黎的面貌，因為它無時不是隱藏在人群的面紗後面。另一方面，不可能揭開人群的面紗，沒有人群的城市豈不成了廢墟！要掌握現代都市的特點便不能抽離都市的人群，然而人群不只不會定形，而且會在剎那間帶來驚鴻的一瞥。班雅明放棄論述，採取展示的策略並非個人的喜好。都市的面貌和川流的人群不只無法分開，而且人群更有如一條沒有固定河道的川流，替都市製作出變幻莫測的景觀和映像，論述也就只是把屋子建在沙上。

班雅明則有如布朗基，在一聲不響下檢閱了巴黎的人群。他亦有一個助手——波特萊爾。他也像布朗基一樣不認識人群，但卻認識人群中的隊長。〈波特萊爾身上的第二帝國的巴黎〉一文共分三段，開首一段題為「波希米亞人」，這是巴黎人對那群「隨著時勢、不定、游離鬆散的人群」(*CB* p.12) 所冠上的稱號。換言之，「波希米亞人」就是那些游離於巴黎社會邊緣的人的泛稱。要檢閱這批散兵游勇，就得先聯絡他們的隊長——以密謀顛覆為終生事業的造反者。班雅明再次用引文來描述這些密謀者：「這一類人的生活狀況已經預先決定了他們的性格。……他們的生活動盪不定，與其說取決於他們的活動，不如說時常取決於偶然事件，他們的生活毫無規律，只有小酒館——密謀家的見面處——才是他們唯一固定的歇腳站。」(*CB* p.12) 這段引文出自馬克思⑤，引文的目的表面上是為了描述波希米亞人，但更重要的是圈出一個

---

⑤ 卡爾·馬克思與弗里德希·恩格斯，〈評謝努「密謀家」及德·拉渥德「一八四八年二月共和國的誕生」〉。見班雅明著，張旭東、魏文生譯，《發達資本主義時代的抒情詩人》，頁 29。譯文最後一句原來是「經常歇腳的地方」，英譯則是 "only fixed stations"，故此處作了改動。

地點作為班雅明自己的檢閱臺。這個地點就是終生游離浪蕩的密謀者的唯一固定的歇腳站，它的獨特意義不在於把不固定的固定下來，而是讓人們見到不固定的面貌。後者絕對不限於密謀者，還包括了巴黎社會最低下的人的豪情。班雅明引述波特萊爾〈拾荒者的酒〉的詩句：

常看到一個拾荒者，搖晃著腦袋，
碰撞著牆壁，像詩人似的踉蹌走來，
他對於密探們及其爪牙毫不在意，
把心中的宏偉意圖吐露無遺。
他發出一些誓言，宣讀崇高的法律，
要把壞人們打倒，要把受害者救出。
在那華蓋一樣高懸的蒼穹之下，
他醉倒於自己美德的輝煌偉大。

　　在這段引文之前，班雅明討論了十九世紀中葉，法國政府徵收酒稅的影響。他指出波特萊爾的〈拾荒者的酒〉其中的一些主題正好是當時廣泛關注和討論的題目。阿多諾的批評中便特別以這一點為例，他說：「我認為在方法學上這是不幸的，為了突出上層建築裡的個別特質，便不惜把它們扭轉成為可以跟基層物質性質相聯繫，不涉及中介，甚至是互為因果。」（*CORR* pp.581–582）阿多諾接著提醒班雅明唯物論的要義：「只有以整個（歷史）進程為中介，才可能定斷文化特質的唯物成因。」（*CORR* p.582）驟眼看來，班雅明在毫無理論的基礎下，便把波特萊爾的詩句（上層建築的一些特質）和徵收酒稅的具體影響（基層物質）相連的

做法，無疑是粗糙的唯物論的表現。不過，這只是表面的印象。班雅明的用意絕對不是要說明波特萊爾的詩句反映了當時的社會現實，討論酒稅的用意在於突出酒對窮苦大眾的重要。為了徵收酒稅，法國政府在每個人口超過四千人的市鎮設置特別的關卡。為了買到免稅酒，人們便不惜跑到郊野地區的小酒館買醉。班雅明引用了一段發表於一八四〇年的記載：

有的婦女毫不猶疑地帶著已大得可以工作的孩子跟著丈夫來到城外……過了一會，他們半醉地回家。路途上卻擺出大醉的樣子，好讓任何人都能留意到他們喝了不少。有時孩子也學著父母的樣子做。(*CB* p.18)

　　緊接這段引文便是波特萊爾〈拾荒者的酒〉的引文。班雅明的用意確是要「突出上層建築裡的個別特質」，但卻絕對沒有「把它們扭轉成為可以跟基層物質性質相聯繫」。引用〈拾荒者的酒〉的用意是要點出受壓迫者的特有形態。波特萊爾不是唯一留意到這種特有形態的人，一八四〇年的那段記載便足以說明。對班雅明來說，波特萊爾的詩句的特點是「它支持受壓迫者，雖然它宣揚他們的幻覺亦宣揚他們的義舉」(*CB* p.26)。至於波特萊爾本人，班雅明認為大可引用福樓拜 (Flaubert) 的一句名言作為他的座右銘。這句名言是：「不論什麼政治，我只懂一件事：造反。」(*CB* p.13)〈拾荒者的酒〉說出受壓迫者的政治其實就是造反，只不過是在做夢的層面上而已。小酒館這個檢閱臺讓人辯證地（因為只是做夢）看到受壓迫者起來造反。
　　都市的面貌不可能沒有人群，但人群卻可以說是沒有面貌的，

怎樣捕捉都市的面貌？即使找到適合的檢閱臺，亦得耐心等待特定的一刻才可以抓著突然出現的情景。造反就是這樣的一刻。造反將不固定，到處流竄的人群凝聚起來；造反令人群表露它的面容。造反更為都市的街道平添一些臨時和即興的城堡。如果小酒館是全職的造反者唯一固定的聚腳點，街道上的臨時堡壘則是他們唯一的固定工作地點。事實上，第一批街頭堡壘是由他們興建和主持的。這點觀察引自馬克思 (*CB* p.15)，班雅明亦同時引述傅立葉 (Charles Fourier) 的觀感；後者指出建做街頭堡壘是一種沒有報酬但卻教人全情投入的工作。雖然班雅明一如阿多諾所言，苦行主義般避免理論上的討論，對馬克思批評傅立葉為不科學的社會主義絕口不提；但從上一章的討論我們知道班雅明一如傅立葉一樣認為勞動的最大意義是不再創造價值，只為改進大自然。造反是一種不再創造價值的勞動，但它是否改進了大自然？

　　在一九三五年的提綱裡，班雅明對建做街頭堡壘這種造反作了評估：「工人階級舊式的造反最終失敗，原因是欠缺了一套可以帶領他們前進的革命理論；但另一方面，這也是即時獲得權力和無比熱情地開始締造新社會時的狀況。」(*CB* p.176) 班雅明接著指出這種熱情在巴黎公社時期達到高峰，之前他其實已總結了巴黎公社的成就：「一如《共產黨宣言》結束了全職造反者的時代一樣，公社亦結束了操縱著無產階級的自由的幻象。它徹底打碎這種幻象，即無產階級的使命就是與資產階級聯手，一起完成一七八九年開始的工作。」(*CB* p.175) 巴黎公社是以街頭堡壘為主體的造反（亦即是工人階級舊式的造反）的頂峰，它除了打破資產階級自一七八九年建立的霸權外，更徹底粉碎了拿破崙三世治下，巴黎市長侯斯曼 (Haussmann) 處心積慮使巴黎可以從此免於街頭

堡壘模式的造反而進行的城市改建。班雅明指出侯斯曼的策略有
兩點：「寬闊的街道將令造反者無法興建街頭堡壘，新建的街道將
可以提供一條由軍營到工人區的最短路徑。」(*CB* pp.174–175) 當
然侯斯曼的改建工程亦將巴黎提升至世界首府的地位，而工人階
級更要為此付出代價，因為昂貴的租值令他們從此要搬離巴黎的
市中心。巴黎公社代表著他們重新佔據原本屬於他們的地方，只
是這個地方已不是他們熟悉的巴黎。或許在這種情形下，他們才
會焚燒巴黎；他們因此受到廣泛的譴責。班雅明卻不以為然，他
說：「焚燒巴黎是侯斯曼的摧毀工作的恰當結束。」(*CB* p.176)

　　很明顯，班雅明不只同情造反，而且在很大程度上認同這種
沒有革命理論指導的行動，好像行動本身的象徵意義已足以彌補
理論上的缺失。在一九三五年的提綱以至在〈波特萊爾身上的第
二帝國的巴黎〉裡，凡是提到巴黎公社的地方總是和建做街頭堡
壘相提並論，好像是說這是巴黎公社的全部意義，就連馬克思對
巴黎公社的見解（見《法蘭西內戰》）亦全部略去。班雅明的做法
固然符合〈波特萊爾身上的第二帝國的巴黎〉裡的文章形式——
沒有理論的文章，但這種形式亦同時是為了表達一個深刻的觀
察——造反不只無需理論，根本就不用有理。城市的人群其實都
是沒有理論的造反者，低微如拾荒者也不例外：

一個拾荒者不能是波希米亞人的一分子，但從文人到全職的造反
者，每一個屬於波希米亞人的人都可以在拾荒者身上認出一點點
的自己。每個人或多或少都是處於一種與社會對抗而又無聲無息
的造反狀態中，每個人亦同樣面對不明朗的將來。在適當的時候，
他（拾荒者）將可以跟那些動搖這個社會根基的人感同身受。拾

荒者在他的夢中並不孤獨，他有很多同志相伴；他們也是渾身酒氣，他們也是歷盡滄桑而變得白髮斑斑。他的鬍子下垂有如一面殘破的旗幟。當他巡更時，他遇到那些在夢中受他指揮的警察線人。(*CB* p.20)

　　阿多諾批評班雅明在討論拾荒者時忽略了他的「資本主義作用，即是說甚至垃圾也被放在交換價值的體系裡」(*CORR* p.583)。阿多諾的著眼點是整個歷史進程，對他來說拾荒者的意義在於說明資本主義的生產邏輯——將物品的使用價值變成交換價值——是如何密不透風，如何扭曲，連垃圾亦有它的交換價值；他對文化工業的分析也就建基在這種理解上。班雅明關心的卻不是垃圾而是拾荒者，他不用整個歷史進程的角度來看待問題，因為他不想用一種超然的、旁觀的眼光來打量拾荒者。他不是局外人，他的《商場研究計劃》其實也是拾荒的工作。當然他拾得的垃圾不會有交換價值，但卻富於象徵意義，因為是人們昨日的夢。同樣，對於拾荒者，他想展示的不是現實生活裡受人欺壓的拾荒者，而是他們的夢。因此班雅明也不是完全忽略了歷史進程，他其實展示了歷史進程的另一面，即是受資本主義壓著而不見天日，恍如做夢的一面。

　　如果班雅明遵照阿多諾的囑咐，從資本主義的作用來考慮拾荒者，那麼他們的意義就只是微不足道。「但從文人到全職的造反者，每一個屬於波希米亞人的人都可以在拾荒者身上認出一點點的自己」的時候，拾荒者也就變成一個隱喻。不只這樣，班雅明在拾荒者身上其實見到比隱喻更要深刻的意義——一種辯證的形象。在一九三五年的提綱裡，班雅明已介紹了辯證形象的設想，

並舉了一些實例。這些例子包括商品膜拜（既是物品又是神祇）、商場（是屋宇又恍似天上的星星）及妓女（既是推銷員又是商品）（*CB* p.171）。他又指出辯證形象同時又是夢幻般的形象，因為它其實是辯證法的一種象徵形式，它代表著辯證法的凝固；因此它總是模稜兩可的。拾荒者是一個辯證形象，首先是因為拾荒者其實自古有之，但歷來的拾荒者都只是偶然的拾荒者。拾荒能夠成為一種職業，必須一方面要有大量的垃圾供應；另一方面亦要有大量使用垃圾的科技條件。拾荒者一方面是新工業步驟的產品，但另一方面又是遠古時期物質匱乏的年代的延續。其實不只是延續，而是把以前零星出現的事物大量生產。在拾荒者身上，現代和遠古的元素一起凝固起來；歷史並沒有辯證地發展。

作為一個辯證形象，拾荒者還代表著其他不同的辯證形式。班雅明指出：「當新的工業步驟為垃圾締造了一定的價值，拾荒者在城市裡大幅增加。他們為一些中間人工作，並在街上建立起一種家庭手工業。他們令同代人感到驚奇。」（*CB* p.19）就像建做街道堡壘一樣，拾荒者的工作必須在街道上完成。這點不但使他們容易招惹警察線人這類遊手好閒的人物的滋擾，而且更使他們無聲無息地成了造反者。事實上，他們的工作正好和警察一樣——定時和定點的巡更，而且同是找別人拋棄的東西。衝突便在所難免，警察線人的刁難也就有其歪理。因此，班雅明認為拾荒者指出「每個人或多或少都是處於一種與社會對抗而又無聲無息的造反狀態中，每個人亦同樣面對不明朗的將來」。

拾荒者和所有必須以街道作為辦公室的人（包括文人和全職造反者）都是與社會對抗的另一個原因在於這個社會已把工作和休閒分開；家居變成內室是這種分隔的一種表現。對於居無定所

的波希米亞人而言，家居作為內室，辦公室作為與外間世界接觸的劃分當然不會有任何意義。街道就是他們的居所，也是辦公室。在一九三五年的提綱裡，班雅明指出侯斯曼曾經在國會發言「以表達他對這個大城市（巴黎）的無根人群的痛恨。這方面的人口不斷增長，這是他的工作結果」(*CB* p.174)。侯斯曼改建巴黎一方面是要從技術上令到建築街頭堡壘的造反絕跡，另一方面卻是要為資產階級的統治豎立碑石。班雅明指出：「侯斯曼的理想城市面貌是透視整條街道的景觀，這點與十九世紀裡一種越來越明顯的趨勢吻合，即是說用藝術的意圖來美化技術上的需要。在康莊大道的框架裡，世俗體制和資產階級的精神統治都找到他們神化以後的面容。」(*CB* pp.173–174) 在〈波特萊爾身上的第二帝國的巴黎〉一文裡，班雅明雖然完全沒有提及侯斯曼和他的改建工作，但卻展示了改建後的面貌。這種面貌卻不是寬敞的街道所提供的景觀，而是匯集在街道上擁擠而又無根的人群。

　　畢摩斯認為班雅明對歷史唯物論的貢獻在於認識到資本主義的矛盾，不只是生產力和生產關係的矛盾，不只是剝削性的生產關係和合理化的意識型態的不對等現象的矛盾；更有意識型態本身的重重矛盾⑥。如果侯斯曼改建巴黎的一個意圖是以它作為資產階級的統治標記，他注定要失敗。寬敞筆直的香榭麗舍道很快就擠滿人群，像布朗基這樣聞名的造反者居然可以在這條原本是資產階級統治標記的街道上檢閱他的部隊。即使不提這點，擁擠的人群就如泛濫的河水，最寬敞的街道亦會被淹沒。星期日的中環擠滿香港的家庭傭工時，世界金融中心的氣派那裡去了？與貴族統治相比，資產階級的統治並沒有什麼神聖不可侵犯的特權作

⑥　｜　Buck-Morss, 1989, pp.245–249.

為後盾，他們必須把他們的統治遮掩起來。他們的居所，無論怎樣極盡奢華，卻不可能向外張揚、炫耀。從這個角度看，侯斯曼改建巴黎的舉動其實就有如在公共空間裡僭建資產階級統治的標記；這也解釋了為什麼所有必須以街道作為辦公室的人都是處於一種與社會對抗而又無聲無息的造反狀態中。正是這些自覺和不自覺但又全是沒有理論的造反者，日以繼夜地磨損資產階級最輝煌的標記。

拾荒者的辯證形象也就在於指出即使是最低微的人，亦會鍥而不捨地掃除資產階級統治的任何痕跡。資產階級的統治只能是空洞的、沒有理論的統治。「生活就是留下痕跡」(*CB* p.169) 這句話曾受到阿多諾的讚賞，事實上，資產階級用了最大的努力試圖留下一些痕跡：

由路易‧菲力普 (Louis Philippe) 的年代開始，布爾喬亞就盡力為自己彌補大城市對私人生活做成的不了了之的狀況。在四壁的範圍裡，他找到這種補償。即使一個布爾喬亞無法為自己的生存賦予永恆，令自己的日常用品永垂千古也算是一項榮譽。布爾喬亞歡欣地替林林總總的物品保存印記，拖鞋、懷錶、蛋杯、餐具、雨傘，他都嘗試找來封套或盒子；他更喜歡採取那些能把觸摸時留下的痕跡都保存下來的天鵝絨封罩。(*CB* p.46)

作為統治者的資產階級雖然極力模仿古埃及的法老王，令自己的一切永垂千古；但他們不但不能建起金字塔，連木乃伊也要用代用品。或許這就是資本主義社會永無休止地追求新款的意識型態的一個根源。資產階級的統治不但不能豎立永久的標記，就連個

別的痕跡亦難以找尋。但另一方面，資本主義的各種體制都好像是自然而然的；沒有理論的統治變成無需理論的統治。然而，自然的律則就是枯朽、敗壞。資本主義的一切其實都是空洞的，沒有實質意義的；但問題在於只有隱喻作者的獨特目光才能把資本主義和自然的律則連結起來。在這個意義上，《商場研究計劃》是《德國悲劇的起源》的延續，這也是為什麼波特萊爾的資料是各個檔案中最豐富的原因。他的長處在於隱喻：

波特萊爾的天才是一種隱喻的天才，它從抑鬱中吸取養分。由於波特萊爾，巴黎第一次成為韻律詩的主題。這種詩歌並非地方上的民間歌謠；落在大城市的隱喻作者的凝視其實是異化的人的凝視。它是遨遊者 (flâneur) 的凝視，他們的生活方式對大城市裡正在增長的貧苦大眾仍然發出一種安撫的光芒。遨遊者仍然站在邊緣，在大城市如同在資產階級。二者都未曾把它徹底粉碎，在二者之間他都不能賓至如歸。他在人群中尋求庇護。(*CB* p.170)

　　這段引文出自一九三五年的提綱，這裡班雅明指出大城市的人群裡的另一個形象——遨遊者。〈波特萊爾身上的第二帝國的巴黎〉的中間一段也是以遨遊者為題。班雅明的用意卻不是要把波特萊爾約簡為遨遊者或波希米亞人，這些城市人群裡的典型只是班雅明用以理解波特萊爾的背景。我們已知道波特萊爾的政治認識就是造反，但他不是全職的造反者，而且他的造反是與眾不同的。班雅明引波特萊爾自己的說話：「我會感到快樂，但不只是作為一個犧牲者；扮演行刑者亦不會令我不快——這樣才可以從兩方面感受革命！」(*CB* p.14) 當然，無論是那一方面，波特萊爾

也不會有理論；不然他就不可能從兩方面來感受革命。換言之，從波特萊爾的政治信念來理解他的詩作是完全沒有意義的。但如果把波特萊爾看成是對政治不感興趣，專心追求藝術、追求真理，那便是大錯特錯。波特萊爾一方面缺乏政治信念，但另一方面卻又極容易受政治影響。班雅明指出：

當波拿巴 (Bonaparte) 發動政變奪權後，波特萊爾一時間感到非常憤怒。「漸漸他從『神的旨意的角度』來看待事情，並且像修士一樣順服」。「神權統治和共產主義」對他來說都不是信念，而只是一些競相爭取他的注意的暗示。前者並不是他想像般聖潔，後者亦並非魔鬼化身。(*CB* p.26)

　　雖然班雅明用天才來形容波特萊爾的詩（也是隱喻），但他致力於展示形成這種天才的背景。波希米亞人和邀遊者就是這種背景的重要元素。波特萊爾不屬於波希米亞人，但他不只熟悉他們的落腳點和它的氣味，不只像他們一樣居無定所，而且更像他們一樣在大城市裡淌流打滾。不過波特萊爾沒有被大城市粉碎；他散落在人群裡，但未被同化，人群對他來說是個避難所。波特萊爾和人群之間最大的分別就是他是文人，是個有一定身分，而且可以表達自己的文人。但一個像波特萊爾的文人為什麼要終日混在人群裡？終日混在人群裡的文人又是個怎樣的文人？兩句問題其實是二而一。混在人群裡的文人不會當自己是人群的一分子，而是當自己是邀遊者。文人以混在人群作為賞心樂事又是怎樣開始呢？

　　在「波希米亞人」的一段裡，班雅明扼要地描述了十九世紀

五〇年代後期巴黎報刊在形式上的革新。最特出的地方是每日出版、印行量大的報章增闢了一些和文化相關的欄目 (feuilleton)。文人除了十八世紀開始的期刊之外，多了報章這個園地。後者還作出一系列起碼是同樣重要，但卻不起眼的轉變；包括降低售價，增加讀者和刊登廣告。班雅明認為刊登廣告和文化欄目的出現是相關的，刊登廣告的出版商另外請人撰寫一些看來是獨立，但卻是推許廣告介紹的書籍的言論。這種香港人稱為「善稿」的文章都是直接了當，用最簡單的說話達到僱主的要求。班雅明認為這種善稿亦同時釐定了那些文化欄目的格局。後者其實是一些「簡單、概括的新聞」，它們「很快被廣泛接受，因為它們可以在商業上應用。」(*CB* p.27)「城市八卦、戲劇性的勾心鬥角和『值得知道的事情』是它們最熱門的來源。」(*CB* p.28) 班雅明對十九世紀巴黎報章專欄的分析（尤其是和善稿的關係）恐怕對今日的香港報章專欄仍用得著。不過這裡關心的問題是專欄的出現和文人變成邀遊者有何關係？

　　關係在於這種專欄文化引申出好些時尚：「喝開胃酒的習慣與路邊新聞同時出現。只有嚴肅大報的時候，並沒有雞尾酒時間。雞尾酒時間是 『巴黎時間表』 和城市八卦的邏輯結果。」 (*CB* p.28) 以上是班雅明引用別人的文字，他自己的觀察是：

文人在街頭融入他身處的社會是這樣發生的：在街上，他為下一個事故、妙語或謠傳做好準備。那裡，他張開他與同事及城市中人之間全部的關係網，他依賴他們的成果如同妓女依賴裝扮一樣。在街上，他把自己投閒置散的時間在眾人面前展示變為他的工作時間的一部分。(*CB* p.29)

十九世紀巴黎報章的專欄以至今日香港的專欄都當然不是作者嘔心瀝血、窮畢生精力寫成的作品，但它們都要作者做一些資料搜集。這些資料卻不是安放在圖書館裡，而是流傳於城市裡，或在街頭、或在食肆、或是雞尾酒會、或者是演唱會的臺後等等。文人也就要搖身變成有閒階級，周遊於歌臺舞榭之間；並張開他的全部關係網，搜羅流傳於政治耳語、庭內庭外、臺上臺下一切值得知道的事情。文人要成名，關係一定要好；關係好，文章才好，因為關係好才可以弄到有新聞價值的材料或話題。這是十分顯淺的，近乎老生常談。問題是怎樣才可以關係好？關鍵是必須投閒置散，這樣才可以為下一個事故、妙語或謠傳做好準備。成功的專欄作者就是一個成功地把遊手好閒變成職業的人，這也是遨遊者的出處。

波特萊爾不是一個成功的作者，班雅明估計他畢生只能賺得一萬五千法郎 (*CB* p.34)，而大仲馬 (A. Dumas) 一年的入息就已是六萬三千法郎 (*CB* p.30)。班雅明沒有直接分析波特萊爾未能成為一個成功作家的原因，但他作了好些暗示。或許波特萊爾那種沒有理論的造反是其中一個原因，但更重要的是「波特萊爾知道文人的真正處境：他以一個遨遊者的身分來到市場，表面上是一看究竟，但內裡卻是要找一個買主」(*CB* p.34)。換言之，波特萊爾早已看穿了成功的文人把自己的遊手好閒變成職業的技倆。他的失敗也是因為他一心要貫徹自己作為遨遊者的使命，即是在城市的人流裡逆流而上，在熙來攘往的街道上建立自己的內室。班雅明指出：

有些行人只是緊靠著大隊，但亦有那些堅持要有自己的活動空間

的遨遊者。他不願意放棄優悠的生活，他那悠哉游哉的表現是他對人分成各種專業的勞動的抗議，也是他對他們的刻苦耐勞的抗議。在一八四〇年前後，帶著烏龜在商場之內散步曾經一度流行。遨遊者喜歡烏龜替他定下步伐的快慢。如果他得償所願，那麼進步也要迫使自己去遷就這種步伐。(*CB* p.54)

單是以上的描述很容易引起一種錯覺，以為遨遊者就是一個完全不事生產，終日遊手好閒的人。遨遊者表現得悠哉游哉，好像是遊手好閒；但這是他的工作的一部分。而且這種工作必須在大城市的人群裡進行，沒有別的選擇。遨遊者表現優悠，但卻不是有閒階級；也不可能是那些要回歸大自然懷抱的浪漫主義者。他是個徹頭徹尾的城市人，對他來說：

街道變成住所，……他在人們屋子外面悠然自得，就如一個市民在屋內的四壁一樣。對他來說，閃閃發光的琺瑯商業招牌是一件至少可以扳得住布爾喬亞廳堂上的油畫的牆上裝飾。牆壁是他按著筆記簿的書桌，書報攤是他的圖書館，咖啡室的階梯是他做完工作俯瞰他的家室的陽臺。(*CB* p.37)

班雅明是否誇大？我們可以從兩方面來說明問題。首先在第一章裡我們已提過《惡之華》其中的一首詩〈太陽〉寫波特萊爾怎樣進行他的創作。在詩裡，他以練劍比作寫詩，而絆在街上的鵝卵石就有如「碰上長久夢想的詩行」。練劍就是為了在人群裡爭取寫作的空間，在這片空間裡，人家屋子的外牆就是他的書桌。班雅明的觀察也就部分來自波特萊爾。另一部分，亦是更重要的一部

分則來自《商場研究計劃》。班雅明指出：「商場是街道和內室的混種」(*CB* p.37)，十九世紀巴黎其中一樣引人注目的地方是它首先啟用了煤氣燈。這種在當時是最新的科技本身固然吸引了不少慕名而來的人，亦令到商場的營業時間可以延至晚上十時。商場固然是人人可進的公眾地方，但它卻明顯與街道不同。它並非露天，而且有照明，恍似室內（十九世紀初巴黎街道並沒有照明）。商場的出現不只代表著推銷商品的新意念，還帶來嶄新的空間。「沒有商場，散步就很難可以達到它現在應達到的重要作用。」(*CB* p.36) 在巴黎還未曾由侯斯曼改建之前，商場是唯一能夠讓行人無需顧及繁忙的交通，可以安然散步的地方。即使後來商場沒落，但商場開啟的空間作用仍得以延續，只不過換了場所而已。

在公眾場所安然散步不只是遨遊者顯示其優悠生活的最佳方法，簡直就是他們生存的意義所在。餘閒時躲在自己的屋裡或是在特定的社交圈子打滾的只是極之平庸的布爾喬亞，他們只是經濟上的有閒階級，不是心態上的有閒階級。對於後者而言，優游生活不只代表著個人意願，而且是對社會的抗議。要抗議便必須走到街上，而且不限次數，直至街道成了辦公室。這種抗議是最和平、最溫文的；因為是悠然自得地散步。這種抗議方式能夠奏效的唯一原因就是大城市裡的人群。就像布朗基的檢閱一樣，必須在人群裡才能達到抗議的目的。人群越擠迫，行動越奏效。班雅明引波特萊爾的說法：「處身於人群的快感是享受數字倍增的神祕表現。」(*CB* p.58) 但這句話不表示波特萊爾喜歡熱鬧，班雅明指出：「波特萊爾喜愛獨個兒，不過是在人群裡的獨個兒。」(*CB* p.50)

其實，不論波特萊爾喜歡與否，置身在人群中而依然孑然一

身的處境是遨遊者的命運。除了優游地散步之外，他的另一項工作就是到處瀏覽；但他要看的不只城市的固定面貌，那不固定的，瞬間即逝的城市景物才是他的獵物。當然這是波特萊爾的十四行詩〈致一位擦肩而過的女士〉所描述的都市獨有的情景。班雅明在兩篇波特萊爾文章都特別評論這首詩，在第一篇文章裡班雅明指出這首詩「論及人群的作用，但不是在市民的生活裡，而是在一個縱情的人的生活裡」(*CB* p.45)。這裡的市民是那些有頭有臉，鮮在公共場合露面的市民。他們的情慾生活早已鎖在內室的四壁裡。但即使對一個縱情的人來說，城市生活提供的只是一瞬即逝的戀情。因此，班雅明批評那些認為〈致一位擦肩而過的女士〉這首詩的特色是只有在大城市裡才可以寫出來的評語不夠深刻。他認為詩句最深刻的意義是說明大城市對愛情的污衊 (*CB* p.46)。但這種意義是一個忠於遨遊者的使命的人，一個把街道變成住所，一個渴求在街道上得到情慾滿足的人才能體會的。這樣的一個人亦完全墮入商品的角色裡。

這也是遨遊者和人群最大的分別，班雅明引波特萊爾自己的語句：「詩人享有隨時是自己又是別人這種無可比擬的特權。像一個在找尋軀體的靈魂一樣，他隨時可以走進另一個人的體內。對他來說什麼都是門戶大開的；如果有些地方好像是關閉，那是因為他認為不值得一看。」(*CB* p.55) 班雅明隨即指出這句說話其實出自商品的口。事實上，如果我們把上述的說話中所提到的詩人改為時裝，意思不會有絲毫的改變。同樣當波特萊爾認為「處身於人群的快感是享受數字倍增的神祕表現」時，他也是墮入商品的角色裡。班雅明指出只有從商品的角度來定斷，這句說話才可以理解。從概念上來說，人群是麻木的沒有面孔的，就如川流一

樣。處身於人群而又有所感覺,而且是快感的,在本質上不能是
人群的一部分。既是置身於人群中而又不屬於人群的就只有遨遊
者和商品,事實上,遨遊者的遨遊本身就是商品。

班雅明對遨遊者這個形象的分析可以說是對阿多諾的回應。
後者在批評班雅明在一九三五年所寫的提綱時,指出班雅明有關
辯證形象的提法並不辯證,他認為必須說明商品如何產生意識才
符合辯證法的要求。遨遊者的形象就是這個說明,但遨遊者說明
的不是一般人的意識,而是商品本身的意識,因為遨遊者完全墮
入商品的角色裡。這種角色的墮入涉及兩個層面,其一是「波希
米亞人」這一節裡提的文人成為商品的客觀社會演變,其二是成
為商品的文人對自己的生存的反省。當然對於絕大多數的文人來
說,一旦成功推銷自己,便告沾沾自喜,根本不會再有動力去反
省自己的生存。只有那些像波特萊爾那樣,一開始就看穿文人的
處境,並貫徹自己作為遨遊者的使命的,才會完全墮入商品的角
色裡。滿足於作為商品的文人,永遠也不會知道商品的意義、商
品的祕密。遨遊者是一個辯證形象,堅持在大庭廣眾裡不隨波逐
流,要有自己的空間但卻完全墮入商品的角色裡,然而亦只有這
樣才能道出商品的意識、商品的真諦。在遨遊者的形象裡,班雅
明確是說明了商品如何產生意識,但其中的辯證關係卻不是阿多
諾所想像的。

當阿多諾批評班雅明對辯證形象的設想時,他毫不諱言他是
以黑格爾為依歸的。馬克思的辯證法和黑格爾的辯證法是否一脈
相承的問題,在阿圖塞之前基本上無人計較。班雅明亦不曾提出
這方面的問題,但他對辯證形象的設想是異於黑格爾的辯證法的。
後者是作為一種普世真理、放諸四海皆準的律則來鋪陳的。班雅

明則不然，對他來說，辯證法只能像星座一樣透過觀察者的感觀而釐定的特定情況所形成的辯證形象才用得著。遨遊者正是這樣的一個辯證形象。遨遊者的形成固然是基於客觀的條件，但波特萊爾的例子說明，遨遊者本身的情操——沒有理論的造反的情操——亦同樣重要。即使是前者也不一定取決於下層的經濟體系，對於遨遊者認同商品的社會條件，班雅明的分析是：

當然，只要作為一個人，作為勞動力，他沒有必要把自己看成如此。他越意識到自己受生產體制加諸身上的生存狀況，他越來越無產化，商品經濟的霜雪會把他纏得越緊，他與商品感同身受的機會會越少。不過對波特萊爾所屬的小資產階級來說，事情並未達到這個地步。在我們現在用的天秤上，這個階級只是剛開始走下坡。無可避免地，有朝一日，它的大部分成員定會覺察到他們的勞動力的商品性質；但這一日還未來到。直到那日，或許我們可以這樣說，他們獲得消磨時間的許可證。他們所分到的頂多是享受，但永遠不會是權力。這個事實，令到歷史給予他們的這段時間變成一種消磨時間的空間。(*CB* pp.58–59)

　　《歷史與階級意識》是引發班雅明鑽研馬克思主義的第一本著作。在上面的引文裡，我們不難察覺到這部著作的影子。引文的開首部分簡述盧卡奇對商品經濟產生物化作用的分析，但接著的討論則代表著班雅明對物化概念的補充。在盧卡奇的範疇裡，物化的影響在於主體和客體之間的辯證關係。物化的原本意義是令到主體變成客體，但盧卡奇嘗試論證受物化影響最深遠的無產階級反能打破物化的規律（見第一章）。雖然班雅明沒有否定盧卡

奇的見解,但他明顯認為把物化的影響限於主體和客體的辯證分析是有點粗疏。即使盧卡奇對無產階級徹底無產化後的分析是正確,但在這一日還未來到時,是否沒有什麼可以做?盧卡奇的分析即使是正確,也只會引出「等待果陀」的荒誕處境。班雅明的補充卻有即時的意義,他把商品生產的物化作用和他自己一直關心的生活體驗的問題結合起來。對他來說,物化不一定要表現為主體變成客體這類絕對的作用,亦可從人生體驗變得貧乏的角度來分析。商品經濟最明顯的效果就是商櫥裡擺滿了林林總總的貨品,物質享受唾手可得。這種現象產生了前所未有的消費——時間的消費;這也是商場這種發明最深遠的意義。

由於班雅明沒有說什麼,只是展出,他好像沒有涉及理論問題的討論。但很明顯,他的展出是有深遠的理論含意的。一般而言,馬克思主義對商品的分析多著重於生產的部分,即使盧卡奇對物化現象的分析亦主要是從生產(量計的生產)方面入手。班雅明的研究則指出了商品的真諦不單表現在生產的過程上,還表現在商品和人群的遭遇的過程上。遨遊者其實就是後者的特產,遨遊的意義不在於特定的消費,而在於時間的消費。班雅明指出:

任何出去打發時間的人都尋求享受,但事情卻很清楚,這個階級越想在這個社會裡得到它的享受,這種享受的限制就越大。限制會減少,如果這個階級能夠享受屬於這個社會的事物。如果它想達到這種享受所需的高超技藝,它就不能抗拒跟商品感同身受。

跟商品感同身受當然是物化的一種表現,甚至是最徹底的表現。如是則物化的現象不單是取決於商品生產的經濟體系,亦取決於

小資產階級的意向；但這種意向的表達是扭曲的，這才形成物化。換言之，小資產階級尋求享樂的意欲並不是物化，它的扭曲表達卻是。遨遊者在人群裡的行為舉止就是這種扭曲意欲的表達。表面上，遨遊者獨立於人群，但內裡人群對遨遊者就有如迷幻藥一樣：

人群不只是不法之徒最新的避難所，也是那些被遺棄的人最近使用的迷幻藥。遨遊者就是那些被人群遺棄的。在這方面，他遇到與商品相同的處境。他並不察覺到這種獨特的處境，但這點不會減少人群對他的作用。它像迷幻藥一樣滲透他的全身，有如置身仙境，足以補償他眾多的屈辱。遨遊者所陶醉的就是商品在周圍湧現的顧客人流所陶醉的。(*CB* p.55)

要注意的是人群對「那些被遺棄」的人才起作用。相對於人群，遨遊者就有如被遺棄。他自覺與眾不同，他刻意離開人群的川流。因此，人群對遨遊者的作用，大得如迷幻藥一樣，道理和「抽刀斷水水更流」一樣。遨遊者這種處境與商品相同，在密密麻麻的人群裡，遨遊的展示價值達到頂點。對於商品來說，當人群擠迫得連交易的空間都消失時，商品的價值，不但從使用價值抽離，就連交換價值都抽離了；但卻得到前所未有的展示價值。廣告的真諦在於掌握這樣的定律：商品的交換價值決定於其展示價值，後者雖不是決定於人群（人群根本不能決定任何事），但卻和人群有直接關係，是「數字倍增的神祕表現」。商品和人群的關係也就跟布朗基的檢閱一樣，一方面是獨立於人群，是人群川流以外的事物；但另一方面，必須在人群的掩映下才可成事。以因

果關係來處理人群和商品之間的關係是沒有意義的,二者同是因,
又同是果。沒有商品,人群會變得稀疏;沒有人群,商品也無法
炫耀。在兩篇波德萊爾的文章裡班雅明都沒有提及物化的概念,
但他其實已對這個概念做了重要的修訂。人群和商品既不存在因
果關係,商品化生產對人們的意識作用也要重新估量,起碼不能
視為絕對決定或無所不包。畢摩斯從《商場研究計劃》的資料裡,
找到班雅明自己對商品的設想。他的設想的特點在於商品並不是
一個完整的體系,甚至不是一件有固定面貌或特徵的物品;情形
就有如人群一樣。畢摩斯認為班雅明把商品放在現實和意識的交
會點上,而現實又是兩個終端界定的:即死寂的、無法變更的現
實和無限生機、各種可能都呈現的現實。意識亦同樣由夢幻和醒
覺兩個終端所界定。在現實和意識的交會點上的商品也就沒有固
定的面貌或內涵,既是人們膜拜的對象,又是歷史的塵跡;既是
人們希盼的所在,又是遭遺棄之物⑦。

　　換言之,對班雅明來說,商品的面貌本身亦因著不同的意識
而有異。把目光停留在商品如何決定意識的辯證法就只能是片面
的辯證法。商品的辯證法在於展示商品本身的重重矛盾,而不是
個別的意識。由於商品根本不會有固定的面貌,辯證法的作用就
只限於捕捉具體的辯證形象。遨遊者就是這種形象,遨遊者刻意
在人群裡締造自己的空間,表面上是表達了作為主體的自主,但
由始至終,從他們的主觀意識到他們的客觀處境,他們都只能墮
入商品的角色裡。在主觀上,他們必須與商品感同身受才能享受
屬於這個社會、屬於人群的事物。客觀上,他們卻不可能投入人
群、融入人群,否則就不存在遨遊者;他們因而有如被人群棄置

⑦ | Buck-Morss, 1989, pp.210–212.

一旁。遨遊者的獨立自主反成了他們的絆腳石。遨遊者的境況也就暴露了黑格爾從奴隸和奴隸主的辯證關係所引申的主客辯證法的普世性，這也解釋了班雅明為什麼要另闢途徑，以做夢和夢醒作為他的辯證法。

　　事實上，遨遊者的遨遊就是做夢。客觀上，若非夢幻一樣的大都市，根本就不會有遨遊者的遨遊。主觀上，遨遊者的遨遊亦只是做夢，因為他其實變成兜售自己的遨遊的商品。要解遨遊者之困就要夢醒，但夢醒後的遨遊者仍是遨遊者，只是自覺要無視遨遊者的夢想的遨遊者。或許可以稱夢醒以後的遨遊者為詩人，因為「詩人在他們的街道上找尋被社會拋棄的物品，並且從這些物品提取他們的英雄」(*CB* p.79)。波特萊爾當然就是這樣的一個詩人， 這位早已看穿文人處境的遨遊者卻只想貫徹遨遊者的夢想——把街道變成自己的辦公室。要貫徹這個夢想，他必須變成拾垃圾者，後者是成功把街道變成辦公室的唯一例子。因此，「拾荒者或詩人，二者同是關心人們拋棄的物品，二者同是在市民沉溺於睡眠時獨自進行他的工作」(*CB* p.80)。不只這樣，拾荒者和貫徹遨遊者的夢想的詩人二者何嘗不是被人們拋棄的。他們拾的垃圾也就包括了自己，詩人要得取作為英雄的材料也包括詩人自己。班雅明問：「社會的渣滓是否提供大城市的英雄？或是從這些材料塑造出詩作的詩人就是英雄？」(*CB* p.80) 班雅明沒有直接回答自己的問題，但卻說現代主義的理論容許二者同是英雄。既然從社會渣滓塑造詩作的詩人本身也是渣滓，班雅明的問題其實就不存在。但現代主義的意義正在於再一次把同樣的問題鋪陳出來，它一方面肯定被遺棄的社會渣滓提供大城市的英雄，另一方面則指出這種肯定本身需要英雄的氣魄。

〈波特萊爾身上的第二帝國的巴黎〉的第三節就是以現代主義為題，班雅明的用意是藉現代主義這個題材，反覆展示經濟基礎和上層建築之間如果存在一定的聯繫的話，這種聯繫又是怎樣形成的。班雅明指出：「英雄是現代主義的真正主體，換言之，實踐現代主義是需要英雄一樣的體魄。」(*CB* p.74) 這樣說叫人摸不著頭腦，但一旦與具體的經濟基礎連上，事情便清楚。「為工資而工作的人在日常工作裡所做的絕不少於古代的鬥獸勇士為贏得掌聲和名譽所做的。」(*CB* p.75) 以上的觀察來自波特萊爾，班雅明稱讚這是波特萊爾最具洞悉力的觀察。這也是資本主義和現代主義的交接點，但資本主義和現代主義卻不是必然相遇的，而是由那些像波特萊爾一樣認為「現代主義的一切都值得在某日成為古典」(*CB* p.81)。換言之，如果現代主義是資本主義的上層建築，那麼它不但不是機械化地反映資本主義的經濟現實，而是嘗試矯正後者的扭曲。但這是需要英雄般的耐力，還要不斷作出犧牲，波特萊爾就是個好例子。「正是那種使命感令到波特萊爾對機緣和際遇毫不感興趣。在他所屬的時代裡，沒有任何事情比他加諸自己身上的任務——描繪現代——更為近似古代英雄的任務，近似赫拉克勒斯 (Hercules) 的辛勞。」(*CB* p.81) 如果現代不能約簡到資本主義的經濟模式，那是由於有人像古代英雄一樣承擔了描繪現代的重擔。因此，「現代標明一個時代，同時它指出在這個時代起作用，帶它接近古典的能量」(*CB* p.81)。這種能量只能來自社會的渣滓，只有他們的工作才可以媲美赫拉克勒斯的辛勞。然而在資本主義體制下，他們的辛勞卻不足以令他們成為英雄。將現代所標明的時代帶近古典的意義在於以古代英雄的模式來確認那些被人遺棄的社會渣滓，這是用意識型態的方法去糾正資本主義

的扭曲，是否可行？

　　即使答案是不可行也不足以否定班雅明的有關探討。在一篇預備用作波特萊爾一書的方法學導論的文稿裡，班雅明指出：「從錯誤裡扯出真理是唯物論的宗旨，不是它的起點。換言之，它的起點是一個充滿謬誤、充滿假設的對象。」(*CB* p.103) 波特萊爾就是這樣的一個對象。班雅明接著以一條河流作為比喻，這條河流被人攔腰切斷，不過歷史唯物論有興趣的卻不是要還原河流本來的面貌。班雅明說：

它（歷史唯物論）不會找尋雲在這條河裡的倒影，但它亦不會離棄河流到源泉去飲水……。誰的磨坊由河水推動？誰利用它的能量？誰在它身上築堤壩？這些是歷史唯物論問的問題，它透過列舉在地貌上運作的力量而把它改變。(*CB* pp.103–104)

同樣波特萊爾和他周圍同是處於社會邊緣的人亦有如一條被人攔腰截斷的河流一樣，資本主義的不合理體制令他們受到無法復原的創傷；他們的英雄本色只能投射在古代英雄的身上。但這並不等同虛無縹渺的幻想，他們的英雄色彩是有根據，只是有如被截斷的河流一樣，他們的力量在商品化的過程裡被人僭越了。另一個譬喻是停泊在港口裡的船，這個譬喻來自波特萊爾，班雅明引用了他的觀察：「這些漂亮的大船躺在靜靜的水中，不著痕跡地搖晃著。這些結實的船隻看上去那麼懶散，令人那麼懷舊。它們難道不是用無聲的語言問我：什麼時候出發去尋找幸福呢？」(*CB* p.95) 班雅明認為波特萊爾對船的觀察包含了一個隱喻。躺在港口動也不動的船隻其實是可以隨時啟航的，它仍結實而且擁有巨大

力量。這個意象的隱喻是：「英雄像這些船隻一樣，做得好極了，結實、靈活和協調。但海洋對他的召喚是徒勞的，因為他的生命被一顆災星支配著。現代主義其實是他的厄運，它裡面沒有什麼可供英雄使用，這種類別對它沒有用處。它從此拴在安全的港口並任由他永遠地懶散下去。」(*CB* pp.95–96) 停泊在港口的船隻這個隱喻也同時告訴我們班雅明對現代主義的觀感，它只能是一種姿態，一種英雄的姿態。班雅明指出：「現代的英雄並非英雄，他是扮演英雄。英雄的現代主義其實是一齣備有英雄一角的悲劇。」(*CB* p.97) 現代主義的英雄感來自它意圖矯正資本主義的扭曲，但它只是一艘停放在港口裡的船隻，雖然已整裝待發，但卻永遠不會啟航。其中的原因見諸班雅明對那些衣著入時、舉手投足必定是雍容漠然的優皮士一族 (Dandy) 的分析：

說到底，人們必須認出這些在優皮士身上結合起來的特徵帶著非常確定的歷史烙印。優皮士是那些領導世界貿易的英國人一手製作出來的。遍佈全球的貿易網操縱在倫敦股票交易者手裡；它的網絡測探到變化最多、最頻繁、最難以預計的震盪。一個商人必須對此作出反應，但他不能當眾表露他的反應。優皮士便在這種衝突之下出來主持大局。(*CB* p.96)

優皮士不是現代英雄，但他的出現預示著現代英雄只能是擺英雄姿態的英雄。資本主義的一項特徵是它原則上可以在文化問題上保持中立。在資本主義制度裡，由於勞動已變成商品，攫取剩餘價值也就不構成任何政治或文化上的問題。只要社會不存在任何足以對攫取剩餘價值構成威脅的現象，它是可以在文化上保

持中立的；它無需依附一套特定的政治或文化體制。但這樣說不等如是文化在資本主義社會裡必定是處於邊緣的位置。班雅明對優皮士現象的分析說明資本主義本身的矛盾需要某種文化的姿態來加以緩和。要注意的是這裡所指的衝突並不是資本主義底下的階級衝突，而是資產階級本身的衝突。股票買賣是資本累積得以用幾何級數發展的因素，股票市場既是它的靈魂，又是它的溫度計。它的忽冷忽熱的表現正好說明資本主義難以捉摸的一面。優皮士的處變不驚、不露形跡、總是若無其事的表現不但能安定人心，而且替資本主義的運作加上一層好像十分理性的防鏽膜。優皮士不一定是成功的人，班雅明引波特萊爾：「這裡可能有一個富翁，但更肯定的是一個沒有工作的赫拉克勒斯。」(*CB* p.96) 一個成功的人普遍會被認為享有優皮士的優點，或者可以這樣說，優皮士的優點（只是優點）會普遍被認為是成功人士的特徵。

　　優皮士是百分百現代社會的產物。傳統社會不會少了那些豐衣足食，終日遊手好閒的紈袴子弟，但他們不是優皮士。紈袴子弟的雍容、不露形跡和毫不在乎是因為他們有享之不盡的榮華富貴，優皮士則「似乎靠自己的偉大維生」(*CB* p.96)，更重要的是他們的偉大不是天生的，而是經過刻苦和自創的訓練的。班雅明指出：「他們把敏銳的反應同鬆弛甚至是懶散的舉止和面部表情結合起來。」(*CB* p.96) 在香港，不知情者把優皮士等同為有閒階級。優皮士和遨遊者是同路人，他們必須在任何情況下擺出有閒階級的姿態，有閒階級是他們的專業，不是他們的身分。雖然在實際情況裡，專業和身分是無法分辨的，但區別是存在的。在香港、臺灣以至中國大陸都存在。君不見坊間的暢銷書裡，盡是什麼厚黑學、推銷術、商用《孫子兵法》、商用《三國演義》等等。

昔日王侯將相，爾虞我詐的技倆，今日被推崇為成功致富的金科玉律。撇開其中對傳統文化片面攫取的諷刺，內裡的訊息是：成功致富是技巧問題，而技巧者，姿態而已。

更重要的是成功致富確是需要姿態，「先敬羅衣後敬人」這句名訓在資本主義社會才得到充分的發揮。很多時候，姿態就是唯一需要注意的事情，香港的流行樂壇便可以提供無限的實例。因此，西王亦選擇沉默。她知道成功不一定要真的唱出口，擺個姿態會更有效。這也是為什麼沉默是西王最厲害的武器的另一個原因。因此，邀遊者以邀遊作為抗爭的手法是註定失敗的，因為他的邀遊只是一種姿態。換言之，他一開始就墮入資本主義的陷阱裡。即使是波特萊爾這個深明邀遊者的困境的邀遊者也不能幸免。但他的失敗不但沒有對他的作品構成絲毫的損害，而且更是這些作品的泉源。波特萊爾的詩作是作為一個醒覺後仍要貫徹邀遊者的使命的情況下寫成，這些詩作是靠街頭拾荒，把街道變成辦公室的情況下完成的。這些詩作也就無可避免地不斷運用隱喻的手法。在《商場研究計劃》的筆記裡，班雅明便指出，要明白波特萊爾，隱喻是一條重要線索。他問：「怎會可能，像隱喻手法這種起碼在表面上是與時代脫節的態度可以在一部劃時代的作品裡佔了主導地位？」⑧班雅明計劃中的波特萊爾一書的第一節正是以「波特萊爾作為隱喻」為題。對波特萊爾而言，隱喻的意義在那裡？

意義是對他來說隱喻不是一種敘事手法，而是他的具體經驗，是作為一個深明邀遊者的困境的邀遊者的經驗。這種困境是指邀遊者的邀遊成了他們的專業，跟售賣自己肉體的人一樣，既是商

⑧ ｜ 同上，p.178。

品又是商品的推銷者。他們以遨遊來兜售他們的遨遊，就如人們
展示自己的軀體吸引別人付錢享用一樣。波特萊爾深明自己作為
一件商品的處境，他對巴黎的特有觀感便是以自己為商品，從商
品的觀點來看巴黎這個大都會。商品就像隱喻一樣，可以是任何
事物，因為它本身已挖空了使用價值。班雅明指出：

馬克思所說關於商品所沉溺的形上奇珍其實主要是與價格的訂定
有關的。如何訂出商品的價值是永遠不能完全預計的；在製作的
過程裡不能，後來流入市場裡的時候也不能。但這點正是物件在
隱喻式的生存裡所遭遇的，隱喻作者的鬱結所加上的意義並不是
人們預計的。一旦物件包含了某種意義，它可以隨意被剔除，由
別的補上。（在巴洛克式的隱喻裡）時髦的意義的更替就像商品價
格起跌那麼快。商品的意義就只有價格，作為商品，它再沒有其
他意義。因此，隱喻作者和商品就是如魚得水。⑨

　　對波特萊爾來說，隱喻總結了他作為一件商品的體驗。他跟
卡夫卡一樣必須運用遠古的事物來理解當前的境況。不同的是卡
夫卡的兩個世界是不會交接的；因此，在卡夫卡的作品裡，盡是
一些令人迷惑，不知何所指的寓言。波特萊爾的隱喻同樣是不知
何所指，但這點卻沒有什麼令人迷惑的地方。隱喻所以是隱喻就
是因為它的不知何所指。如果謎一樣的寓言令人苦索沉思，不知
何所指的隱喻的作用又在那裡？抽空具體的歷史情況，隱喻並沒
有任何意義；但在巴洛克和資本主義的具體環境裡，沒有意義的
隱喻卻形成了一種獨特的意義。在巴洛克時期的獨特思維裡，隱

⑨｜同上，p.181。

喻帶出歷史以自然為依歸的訊息。在資本主義裡，隱喻則道出商
品被挖空了意義的真諦。在商品那種疑幻疑真的體系裡，它指出
任何事情，包括人們投射在商品上的各種夢想，也是沒有意義的。
有關船的隱喻有助對問題加以說明，以下是有關的詩句：

瞧那運河邊

沉睡的航船，

心裡惦念著揚帆出海。

為了滿足你

區區的意欲，

它們從天涯海角駛來。(*CB* p.95)

　　班雅明指出：「這段著名的詩句裡有一種搖擺的節奏，它的章
節捕捉了靠在運河裡的船隻的神韻。像船一樣，在兩個極端裡搖
擺，這是波特萊爾渴望的。」(*CB* p.95) 在兩個極端裡搖擺的人就
只能是一個沒有原則的人，這點我們從波特萊爾對革命的態度(既
是劊子手，又是犧牲者) 已知道了。這點亦跟他作為邀遊者的處
境是一致的。問題不是出在波特萊爾身上，而是出在船身上。「為
了滿足你區區的意欲，它們從天涯海角駛來。」這裡的意欲，無
非是人們消費的意欲。揚帆出海，卻不是為了什麼壯舉，而是要
帶回消費品，滿足人們的消費意欲⑩。揚帆出海也就變得瑣碎，
大海的召喚反成了夢中的牽掛。船作為一個象徵已被挖空了意義，
變成隱喻。然而，正好是為了它的隱喻，它才道出資本主義的真

⑩ | 在香港「雙魚聲座」這艘海上夜總會把船的消費作用推至頂點。

諦。就如小酒館一樣，由於它只是過客歇腳的地點，才可以讓人們稍稍見到到處流徙的波希米亞人的精神面貌。

第五章

超越藝術

　　波特萊爾、卡夫卡和普魯斯特是班雅明心目中三位最重要的作家，我們更加知道班雅明自己和後二者有不少共同點；至於波特萊爾，班雅明跟他是否亦有若干共同點？表面上看，班雅明的生涯，無論是他作為一個沒有固定收入的文人或是他從納粹德國放逐後的漂泊流離的境況都使人聯想到遨遊者這個形象。但遨遊者是不可能有原則的，否則他不會什麼都想看。班雅明和波特萊爾之間是有共同點，但不是因為他們都是遨遊者，而是因為他們同是把世界看成是某種文本，他們的著作在一定程度上就是這種文本的記錄。波特萊爾清楚知道自己是一個頭上沒有光環的詩人，在〈波特萊爾的一些主題〉裡，班雅明指出波特萊爾預期的讀者是一些對閱讀韻律詩感到吃力的人。對這些人而言：「意志力和集中精神的能力並非是他們的長處，他們有興趣的是官能上的快慰；他們熟悉那種扼殺興趣和兼容能力的厭煩。」 (*CB* p.109) 班雅明並指出像波特萊爾這樣以一些最不會欣賞韻律詩的讀者為目標的詩人是十分奇怪的。不過只是對其他人而言，對班雅明來說，這點卻是順理成章的。不懂得欣賞韻律詩的讀者其實就是波特萊爾自己的近親，他送給他們的致意是這樣：「虛偽的讀者——我的同類，我的兄弟！」(*CB* p.109)

　　當波特萊爾說自己的詩句是在街頭偶然拾到時，他絕對沒有故弄玄虛，而是直接指出他自己的創作歷程。這種創作有別於傳統文人對創作的理解，他們把作品看成是作者的心靈的附屬，而作者本人則是獨立自存的。波特萊爾的創作是「把生活的經歷賦予生活體驗的分量」(*CB* p.154)。這種創作的先決條件是作者本身亦同樣置身於那個扼殺興趣，令人無法集中精神的世界裡。但怎樣把這種渙散的經歷轉為有實質意義的生活體驗？在第一章裡，

我們已指出這種渙散經歷的根源在於具體的社會轉變，不涉及個人問題（如一代不如一代）。把渙散的經歷轉為生活體驗也就不是個人天才而是一個技術問題。渙散的經歷源於春天失去了芳香；辨別春天的不同氣味的芳香可能需要一個嗅覺特別敏銳的天才，但在春天失去芳香後，春天的到來便不再直接由我們的官能轉知，只能從字裡行間推測。情形有點像眾多的中國問題專家，遍閱官方刊物，企圖在字裡行間尋得政局變更的一鱗半爪。這是一種特別的閱讀技巧。閱讀這個世界本來並不困難，並不需要這種技巧。波特萊爾一首題為〈通感〉的詩是這樣開始的：

自然是一座神殿，那裡有活的柱子
不時發出含糊不清的語句；
行人經過該處，穿過象徵的森林，
森林露出親切的眼光對人注視。（*CB* p.140）

當世界是一座象徵的森林時，閱讀這個世界需要的就只是探求象徵的豐富意義。但當教堂的鐘聲變成「遊蕩著的無家可歸的靈魂」時，閱讀這個世界便有點近乎瘋狂，這種閱讀要把無主孤魂的際遇轉為一己的體驗。因此它跟中國問題專家的閱讀又絕然不同。它不需要專家，事實上這種閱讀跟閱讀小說有共通的地方：

小說的讀者是孤立的，而且比其他讀者更為熱切地抓著他的材料。他隨時準備將這些材料變成自己的一部分，或者可以說把它們吞下。他甚至把材料摧毀，把材料吞噬，就如火爐裡木材被火吞噬一樣。小說充滿的懸疑感也就有如一股氣流，在燃燒的火爐裡不

斷扇風。(*ILL* p.100)

　　或許這是為什麼波特萊爾想做劊子手又做斷頭臺上的烈士的原因。革命只是一部放在眼前閱讀的書本，而閱讀就是吞噬。這種閱讀方式當然不會令人學識淵博，班雅明指出：「波特萊爾的經驗裡那種非此即彼的形態，他的理念之間缺乏聯繫以及那種凝固在他神情裡的不安，表明他沒有那種可供自己使用的積蓄；那種由偉大的知識和全盤的歷史觀賦予人的積蓄。」(*CB* p.71) 這種看來是廢時失事，毫無效益的閱讀自然不會有太多人參與，但卻是把渙散的經歷轉為人生體驗的唯一方法。班雅明指出：「在目前，生命的建構是在事實的掌握裡多過信念裡，而且這些事實絕少會成為信念的基礎。在這種情況下，不能寄望真正的文學活動能夠在文學的範疇下進行。」(*OWS* p.45) 什麼是真正的文學活動？無非是把人生轉為寫作吧！在第二章我們了解到回憶是把人生轉為寫作的鑰匙，但回憶必須基於真確的人生體驗，因此閱讀世界，即使是一個不再有象徵意義的世界，才可以把人生轉為寫作。這種寫作不屬於傳統的文學範疇。事實上，後者亦已被挖空了意義。史詩、說故事以至小說這些文學範疇不是早已式微，就是出現危機，代之而起的是資訊或者是所謂事實。早在十九世紀巴黎，文人就要依賴那些把「拉丁區閣樓小火看得比馬德里爆發革命更重要」的報刊生存。

　　在西方歷史裡，由文藝復興至啟蒙運動這段時期裡，文人得到史無前例的獨立自主。這段時期亦出現了一種以評論為主的精緻文學 (Belles lettres)，隨著文人失去獨立自主的地位，評論的空間亦消失了。班雅明斬釘截鐵地說：「傻子才會為評論的枯萎而悲

鳴,因為它的日子早已過去。只有在一個重視遠景和適當距離、一個仍能站穩立場的世界,它才可以安賦家中。現在各樣事情都太過貼近人類社會。」(*OWS* p.89) 評論失去空間一方面是人們只關心身邊瑣碎的事情,不再重視遠景;另一方面是文人的關係網千絲萬縷,樣樣都不好說,無所謂站穩立場。更重要的是廣告的興起。報刊成為文字(以至文人)的居所和廣告的興起是二而一的事,上一章已對問題稍作討論,這裡要指出的是廣告對評論的影響就有如資訊窒息故事一樣。在〈波特萊爾身上的第二帝國的巴黎〉裡,班雅明引用聖・伯甫 (Saint-Beuve) 的觀感:「他們怎可能(在評論裡)批評一件產品?在下面兩寸的地方就已經說這種產品是時代的奇蹟。廣告的吸引力隨著越用越大的字體已佔了上風,它們構成一座磁山使羅盤的指針偏離了方向。」(*CB* p.28) 廣告是商品的靈魂,一個變成商品的文人自然不可能跟自己的靈魂競爭。文人成了商品這點不應只看成是一種意象,而是文人的具體生存境況。不過這種現象不應當作是個人抉擇的問題,因為文人賴以維生的文字本身亦已經商品化了。

文字商品化的意思卻不是指文字變得庸俗、粗鄙,又或者是文字描寫的是一些普遍被認為是低級趣味的事情。庸俗的文字歷來都有,商品化卻只能是資本主義底下的事物。文字商品化是指一種社會過程,不是個人的風格。班雅明分析了這種過程:

印刷的文字本已在書本裡找到一個可以獨立生存的庇護所,現在則殘酷地被廣告拖出街上並飽受經濟動盪做成的各種摧殘。這是為了它的新形式而接受的慘痛教訓。若果在數百年前它可以悠閒地躺下,從豎立的碑文到平放在傾斜的書桌上的手稿,最後在印

製的書本裡躺下安然入睡；現在它卻慢慢站立起來。報章通常是垂直地多過平放地閱讀，而電影和廣告則獨裁地逼使印製的文字垂直站立。在我們這個時代的兒童找到一條坦途去打開書本之前，他的眼睛已經暴露在那一連串不斷更替、閃耀、混亂的字母跟前，以致他能夠領會書本那種古樸的靜寂的機會是微乎其微了。各式各樣的印刷品就像蝗蟲一樣遮蔽著城市人比作思想的太陽，而且年復一年的繁殖下去。(*OWS* p.62)

　　從班雅明的語言理論（見導論），我們知道文字的意義不在於作為媒介，而在於作為人可溝通的表現。文字的命運比諸文學形式的消亡對人的影響也就更深刻。在巴黎的協和廣場 (Place de la Concorde) 裡，豎立著從埃及搬回來，代表著古埃及王朝永垂不朽的聖柱 (The Obelisk)，班雅明指出：「在數萬計經過的人裡，沒有一個會停下。在數萬計停下來的人裡，沒有一個懂得上面刻著的文字。」(*OWS* p.70) 聖柱上的文字是什麼意思都不重要，代表著古埃及王朝光輝的聖柱，被人連根拔起，搬到巴黎，這一點已否定了聖柱上面的文字所說的一切，它說什麼也不重要了。文字被廣告拖到街上的情形便像聖柱被搬到巴黎一樣，它還能說什麼呢？「今日最真確、勢利、看透事物的目光就是廣告。它取締了思想活動的空間，而且毫不留情地在我們的眉心的位置重重一擊。它用汽車之類的物件，一些可以驟然變大，從銀幕裡跳出來向我們揮舞的物件。就如電影不會把傢具或佈景全面向人展示、任人品評一樣，它那種緊纏不放，令人搖晃的貼身感覺就足夠震撼。真正的廣告以一部好電影的節拍向我們拋擲物件，『事實的真相』也就最終傳達了。」(*OWS* p.89)

　　這也是為什麼波特萊爾的讀者的意志力和集中精神的能力是那麼薄弱，為什麼他們有興趣的只是官能上的快慰的原因。波特萊爾的天才（如果仍可以用這個詞語）就是洞悉他的讀者的特質之後，並沒有退縮返回自己作為詩人的保護罩裡。文字商品化並不表示舊的文學觀和文學原有的地位完全被摒棄。情形一如古埃及聖柱搬到巴黎後，它的軀體和面貌絲毫沒有損毀，遊人亦依稀知道它的光輝過去。文字商品化並不代表傳統文學觀念已被掃除；相反，傳統文學往往被安放在協和廣場一般的殿堂裡，當然不會有人停下。一個明顯的解決方法是與它的死敵——廣告——修好，利用廣告廣為招徠。要注意的是「數萬計停下來的人裡，沒有一個懂得上面刻著的文字」。他們根本缺乏耐性，「意志力和集中精神的能力不是他們的長處」。

　　班雅明和波特萊爾的最大共通點是他們同樣深深明白到詩人頭上的光環已掉到路旁的泥濘裡（這裡所說的泥濘不是鄉村小徑的泥濘，而是大城市鋪設各式各樣先進設施時造成的泥濘），與其拾起它，倒不如嘗試面對沒有光環的處境。況且沒有光環有沒有光環的好處，這點波特萊爾亦了解，不過他只是從詩人的觀點出發。班雅明則把沒有光環的現象放在整體社會以至人類歷史的範疇來考慮，這也是他最著名的文章〈機械化再生產時代的藝術品〉的主題。這篇文章在許多方面跟班雅明的其他文章明顯不同，例如他沒有用他慣常用的文學形式，沒有用個別作家或作品作主題。與〈說故事的人〉相比，文章的立論更好像是站在對立面。文章表面上包含著一種樂觀、近乎天真的科技決定論，跟他對進步論的批評自相矛盾。然而，從辯證的觀點而言，當事物處於最矛盾的狀況時，它們的關係也最密切。以下我們嘗試用〈機械化再生

產時代的藝術品〉這篇文章來總結對班雅明的探討。這個總結不是要為班雅明的思想作出什麼定論，他的著述並不構成一種體系、一種學說。但另一方面，他的著述涵蓋的範圍其實就是人類歷史到了危急關頭時的獨特經驗。他慣用文學形式不是出於個人喜好，而是因為這些正在枯萎的形式正好展示了歷史在危急關頭時形成的十字路口。對於這樣的著述，人們也就不應強求一種完美的結論。這裡嘗試做的也就只是重複班雅明喜歡用的譬喻——星座。我們會嘗試用星座的程式把班雅明的著述聯繫起來。要形成星座除了需要天上有星星之外，更需要地上有觀察者，而且不能單靠肉眼，還要儀器相助。〈機械化再生產時代的藝術品〉就是我們的儀器，班雅明其餘的作品就是天上的星星。

　　〈機械化再生產時代的藝術品〉一文的中心論調並不難掌握：機械化複製的技術的發展不但使大量複製的藝術品湧現，而且在最新出現的藝術形式裡——攝影和電影——機械化複製的技術根本就是它們作為藝術形式的原則。對這些藝術形式而言，真跡和贗品的分別是沒有意義的。即使是傳統的藝術形式，在機械化複製品大量湧現的衝擊下，也漸漸失去原有高高在上的權威。這是基於兩個因素，首先，機械化的複製品有別於手工的複製品，它可以凸顯原有真品裡，肉眼不能（或不易）察覺的部分，這是手工複製品不可能做到的。因此，後者只是依附著真品；但機械化複製品則可以有自己的獨立地位。再者，機械化複製品把原有真品放置在一個它本來不會達到的處境，一個由觀賞者自行選擇、自行佈置的處境。「大教堂離開它所屬的地域，為了讓藝術愛好者在自己的畫廊裡接待它；原先在音樂廳或露天表演的合唱曲，在私人的客廳裡亦悠揚。」(*ILL* pp.222–223)

　　換言之，機械化再生產的技術令到圍繞著藝術品的特定時空失去了原有的那種獨一無二的特質，又或者是令到原來那種濃烈的氣氛驟然失色。班雅明指出，隨著機械化複製品的湧現，圍繞著藝術品的氛圍 (aura) 亦枯竭，這點又是另一種影響更深遠的現象的徵兆。這種現象就是我們已多番討論的傳統失傳的現象，不過在〈機械化再生產時代的藝術品〉一文裡，班雅明不但沒有絲毫的惋惜，反而認為這是破舊立新所必須的。在〈說故事的人〉裡，班雅明在分析說故事的消亡和資訊這種新事物的出現做成的此消彼長的關係時，對資訊的興起是毀多於譽。在〈機械化再生產時代的藝術品〉裡，班雅明所關注的新事物雖然未有具體形成，但隨著藝術品原有的氛圍的消失，他憧憬著一條嶄新的路向。兩篇文章大約是相隔一年刊登，為什麼立場會如此不同？其實這只是表面上的不同，是兩篇文章的不同作用引致的。在〈說故事的人〉裡，班雅明一開始就指出說故事這種藝術形式已遠離這個世代了，對它的探討也就是從遠處觀。「就如在一塊石頭身上，一個人頭或獸身會呈現於一個位於正確距離和角度的觀看者的眼中。」(*ILL* p.83) 這裡的正確距離是不能過近，否則就只能見到平平無奇的石頭。〈說故事的人〉一文探討的是已遠離的說故事所呈現的深刻而簡單的線條，這些線條在之前是不能見到的，它們「令到人們可以在消失的事物裡見到一種新的美感」(*ILL* p.87)。

　　〈機械化再生產時代的藝術品〉探討的則正好相反，因為它探討氛圍消失後，人們怎樣可以不致令藝術品再是高高在上，永遠保持著與人們的距離。這裡牽涉藝術品的氛圍是怎樣一回事，班雅明的界定是「一種獨特的距離現象，無論它是多麼近」(*ILL* p.224)。這個界定亦說明對班雅明來說，說故事並不是藝術品。

事實上，在〈說故事的人〉裡，班雅明不斷強調說故事其實是傳達人生經驗。他認為藝術和實際作用是分不開的，藝術品的氛圍也是由於它其實扮演著一種宗教膜拜的作用 (cultic function)。只有宗教膜拜的物品才會出現一種不論多近都保持著距離的現象。氛圍的枯萎也代表著藝術品可以擺脫原有作為宗教膜拜對象的作用，當然值得憧憬，與〈說故事的人〉也絕不牴觸。問題是擺脫了宗教膜拜的作用後，藝術品應發揮什麼作用？是否應該進一步擺脫所有作用，「為藝術而藝術」？

　　班雅明對十九世紀中期以來出現的「為藝術而藝術」的運動絕不苟同。他認為這個運動其實是對資本主義商品經濟的一種盲目反應。在那篇可能是波特萊爾文章的方法論導論裡，班雅明指出品味無非是人們對資本主義生產一無所知底下形成的。「在商品生產絕對凌駕其他形式的生產方式底下，品味便形成。物品的製作以市場售賣的商品為依歸的結果是人們對它們的生產越來越無知，不只是其中的社會狀況，更包括技術狀況。」 (*CB* pp.104–105) 在人們對生產技術一無所知的情形下，個人的品味就成了購物的唯一指引。「為藝術而藝術」的情形亦一樣，當文人或藝術家失去傳統所賦予的光環，當他們要在市場裡尋找買家時，文學或藝術的社會作用亦告模糊起來，文學和藝術也就變成一種純粹個人的品味。班雅明對自稱「為藝術而藝術」的文人的批評是尖銳而中的的：

在「為藝術而藝術」裡，詩人第一次感到自己對著語言就好像買家在公開的市場裡對著商品一樣。他在很大程度上已忘掉他本來熟悉的文字生產過程。「為藝術而藝術」的詩人是最不堪稱為來自

人民的。他們並沒有遇到任何事情，其迫切性足以決定相關字眼的鑄做。相反，他們只能選出他們的字眼。……「為藝術而藝術」的詩人最終想用語言帶出自己，包括他所有的怪癖、獨有的姿態和他的性情裡不可思議的部分。這些都見諸品味，詩人的品味指導他對文字的選擇。不過這種選擇只是從一些根本不曾由事物本身鑄造出來的文字裡挑選，即是說不曾被包括在生產過程裡。(*CB* pp.105–106)

　　對班雅明來說，語言的精要在於命名，因為命名是語言介入事物發展的表現。班雅明對「為藝術而藝術」的嚴厲批評便是因為它放棄了語言最精要的部分，把語言的運用變成小學生習作裡的選擇題。班雅明對「為藝術而藝術」的批評亦隱約指出了他對氛圍消失後的藝術應發揮什麼作用的見解——藝術政治化。在〈作家作為生產者〉一文裡，班雅明便直接了當地指出藝術品的意義在於它的政治意義。但班雅明對藝術品的政治意義卻有自己的一套見解，就是在於藝術品所運用的技術 (*UB* p.87)。這裡所說的技術不是指作者或藝術家的個人技巧，而是藝術品本身所涉及的技術。班雅明提出一個通常被文人和藝術家忽略的問題，就是任何藝術形式其實都涉及一個技術問題，也就是說藝術形式本身不能脫離生產形式來考慮的。攝影和電影對技術的倚賴十分清楚，而小說對印刷術的倚賴亦是無可置疑。即使是說故事這種古舊的形式也是浸淫在特定的工作環境裡。說故事的藝術消失「是因為織故事的時候已不再有紡紗織錦的活動同時進行」，這是十分重要的，因為「聽眾達到忘我的程度越高，留在記憶裡的印記就越深。當他完全融入工作的節奏裡，複述故事的能力也自然而然地在他

聽故事的同時得到」(*ILL* p.91)。

技術的運用決定藝術品的政治意義，而藝術品的藝術價值就在於它運用的技術能否表達它本身的政治意義。不錯，藝術品本身的技術要求就是一種政治意義。攝影的例子很清楚，攝影的技術特點在於展示一個人們肉眼不能看見的現實，又或者是把霎那間便消失的映像固定和保存下來。攝影的技術本身就決定這種藝術形式揭露事實的政治意義，然而所謂藝術攝影則往往離棄了它自身所包含的政治意義。班雅明指出，在所謂藝術攝影底下，一堆垃圾亦不會令人生厭 (*UB* pp.94–95)。揭露現實變成扭曲現實。另一個例子是十九世紀新古典主義建築對鐵這種堅硬的材料的扭曲，只是用來作圍欄或其他無相干的裝飾。班雅明在〈機械化再生產時代的藝術品〉一文裡再一次提出藝術政治化的主張，直接的背景是要針對納粹主義把政治藝術化的技倆。但即使不存在這種政治的需要，藝術政治化的主張也是站得住腳的，因為這種主張無非是要藝術發揮本身作為藝術形式的作用，而不是退縮到「為藝術而藝術」的空殼裡。

「為藝術而藝術」的例子說明即使藝術品原有的氛圍已消失，人們仍然可以抱著一套空洞的藝術價值不放。非氛圍的藝術品就有如清末的皇帝，失去帝位之後亦保存了昔日的龍袍，在日本帝國主義或是德國納粹主義的扶植下，不惜以傀儡的面目東山復出。藝術政治化是後氛圍藝術的唯一出路。氛圍是「一種獨特的距離現象」，後氛圍的藝術品失去的就是這種獨特的距離。後氛圍的藝術品也就是大眾化生產的物品。在資本主義社會裡，大眾化生產的物品必然是政治化的。因為這些物品是經過具體的社會組織和分工才生產出來，但在資本主義社會裡，這些生產所需的社會條

件卻不會在物品上面顯露出來的。因此，大眾化生產的物品在生產的過程裡就經歷了一種消極的政治化過程。班雅明便指出唯物主義的理論家碰到一件藝術作品時，劈頭的問題往往就是作品和生產關係之間的關係 (*UB* p.87)。不過這種關係既然是隱藏起來，便不是一個問題就能把它展示出來。更重要的是對班雅明來說，這個問題只是觸及藝術品的政治意義的表面，或者是最明顯的部分。在資本主義的生產裡，被隱藏的不只是生產的社會條件，還有它的技術條件。從《商場研究計劃》我們知道資本主義生產方式不但未有充分發揮科技的潛力，更把科技發展的方向從它包含的烏托邦元素扭轉到神話的倒退形式上。藝術政治化的最大作用就是重新審查藝術本身所倚賴的特有技術，並使這種技術能夠發揮它的潛能，甚至是發揮烏托邦的作用。這是藝術政治化的最深刻意義。班雅明指出，真正要問的問題是藝術品在生產關係裡的位置，而這個問題也就是藝術品運用的技術問題 (*UB* p.87)。

在〈機械化再生產時代的藝術品〉一文裡，班雅明一面分析了機械化再生產令到藝術品的氛圍消散，另一方面亦指出機械化再生產得以廣泛流傳的社會因素：

這是基於兩種情況，而二者都是跟現代生活裡群眾的重要性不斷增加有關。即是說現代的群眾希望把事物帶到身旁和更近似人類。這種希望跟他們一心要用仿製品來克服每件事態的獨特性一樣熱切。每一日，透過事物的仿製品近距離地佔有物品的意慾不斷增加。很清楚，雜誌和新聞圖片所提供的複製跟肉眼所見而形成的映像是不同的。對於後者，獨特和永久是緊密地連著的，就如前者是剎那的和可以複製的一樣。把物件從它的保護罩裡挖出來，

消滅它的氛圍，這是一種感觀的特徵。它對「事物皆是平等的感覺」 已漲大到不惜用複製品來挖出獨特物品的普世價值。 (*ILL* p.225)

從〈歷史哲學命題〉和《商場研究計劃》我們清楚知道班雅明對科技發展的立場。科技發展的同時如果沒有相應的社會進展，科技就只會被扭曲。機械化再生產的科技亦不例外，攝影被藝術化已是一例。班雅明卻不只提供例子，前面的分析更直接探討機械化再生產這種新科技被扭曲的社會根源。機械化再生產令到藝術品失去獨一無二的特質，但問題是為什麼這種新科技會被廣泛應用？為什麼人們樂意擁有複製品呢？這是因為人們的感觀已被商品訓練了一段長時間。商品不僅是複製的，而且帶來「事物皆平等的感覺」。所有商品，不論它的出處，它的形狀、顏色、功用，全都要服膺於由交換價值決定的價格。在交換價值面前，件件商品都是平等的。商品的使用價值，它作為物品的特質早已從原有的保護罩裡挖出來了。換言之，機械化再生產的技術得以廣泛應用，商品化居功至偉。這樣說卻不等如是說機械化再生產只是商品化的附庸，對班雅明來說科技總有其烏托邦的一面，在上面的分析裡，班雅明便指出：「現代的群眾希望把事物帶到身旁和更近似人類。」機械化再生產正好滿全了這個希望。問題是這種希望本身是矛盾重重的，它一方面表達了人們童真的一面，表達了人們願意和物品建立親切關係的意願；另一方面，這個希望又是深深地印上商品化的烙印。為什麼呢？商品也希望把人群帶到身邊，而且更似商品。事實上，聚在商品周圍的人群，包括那些一心想著一看究竟的文人，不是接受了商品的觀點就是本身已是

商品。

　　和收藏家相比，渴求複製品的群眾乃受制於商品化規律這點便會很清楚。當然，收藏家一般是追求真跡而不是複製品，但最重要的是收藏家的特有印鑑在於「以頌讚物品為己任，西斯伐斯 (Sisyphus) 的任務落在他的身上， 這項任務就是透過對物品的擁有來革除它的商品特性」(*CB* p.168)。此外，收藏家亦是拾荒者。他雖不致於完全排斥最新的複製品，但他更有興趣在垃圾堆裡撿獲他踏破鐵鞋仍緣慳一面，卻原來被人棄置的物品。不過收藏家和一般渴求複製品的消費者其實有一點是共通的，二者都不會計較物品的使用價值。對消費者而言，這是因為物品的使用價值已被挖空，對收藏家則是因為他自己在物品身上加了一種幻想的價值。他「夢想自己不只活於一個遙遠和遠古的世界裡，而且是一個更好的世界。那裡的人當然亦像日常世界的人一樣，生活只能捉襟見肘 ﹔ 但那裡的物品卻無需被有用所奴役」 (*CB* pp.168–169)。購買複製品的消費者欠缺的是收藏家的自知之明，他們還未意識到自己其實是生活於一個夢幻的世界裡。

　　雖然機械化再生產的技術因著人們對複製品的渴求而被廣泛應用，但如果這種技術只是被用來製作複製品，那是對它的嚴重扭曲。〈機械化再生產時代的藝術品〉一文不只提出藝術政治化的主張，還「即場」展示實踐這種主張的具體方案。文章的精神是展示機械化再生產的技術的各種可能。文章也就包含了兩個層次，一方面，由於機械化再生產已被廣泛應用，這種新技術已產生了一些具體的影響，複製品的大量生產和藝術品失去獨有的氛圍是明顯的例子。但這些影響並不是這種新科技最有效的表現，這些明顯的影響並不代表著任何烏托邦的元素。複製品的大量湧現只

是一再佐證班雅明為《商場研究計劃》草擬的題綱裡提到新技術的運用必定產生一種新舊混合的現象。複製品這種由最新技術生產的東西卻往往只是複製舊有的事物的形象。即使是氛圍的消散也不代表著一種嶄新的現象，對複製品的渴求代表著另一種膜拜——商品的膜拜。對於氛圍的消散，機械化再生產的作用並不是絕對的。早在機械化再生產出現之前，藝術品所倚賴的禮儀傳統已出現危機。班雅明指出：「我們知道最早的藝術品源於儀式中的應用，首先是魔術上，然後是宗教上。值得注意的是從氛圍的角度而言，藝術品的存在從來不曾完全和它的禮儀功能分開。……無論多麼遙遠，這種禮儀功能仍可以以世俗化的儀式在最庸俗的唯美派裡出現。這種世俗化的，從文藝復興時期以來領導潮流達三個世紀的唯美派清楚顯示了以儀式為基礎的藝術正在沒落。」(*ILL* pp.225–226)

　　值得注意的是對班雅明來說，強調藝術品的美感或是將藝術和美等同的做法只是把藝術品作為一種俗世的禮儀的中心而已。班雅明不是反對藝術是追求美的說法，他反對的是把藝術和美完全等同，因為這樣無疑是把藝術當作另一種膜拜的對象。在宗教儀式裡，某些被視為聖物的物品正是被等同為神祇的化身。班雅明是這樣看待藝術和美的關係的：

令到我們置身在美當前而又永遠不會滿足的就是過去的映像，即波特萊爾認為被懷舊的淚水遮掩起來的東西。……只要藝術仍是追求美，而且把它再次製作出來，那麼無論怎樣微不足道，它亦算是從時間的母胎裡把美召喚出來（就如浮士德召喚海倫）。在機械化再生產裡，這種情形不再出現（那裡並沒有美的分兒）。(*CB* p.147)

藝術對美的追求在於再次製作過去的形象，藝術和儀式的緊密關係是因為儀式本身的意義是作為過去的重現，一種魔幻一般的重現。當過去和現在的斷裂成為人們日常的生活經驗時（見第二章），儀式的歷史基礎亦告消失。因此班雅明認為以儀式為基礎的藝術正在沒落。

但真正令藝術從儀式完全解放出來的是機械化再生產。班雅明指出這是第一次在世界歷史裡出現的事情 (ILL p.226)。這才是這種新科技的真正意義。但也是不容易為人接納的。班雅明指出：「較早之前，費了不少徒勞的功夫在攝影是否是一門藝術的問題上。基本的問題——攝影的發明是否改變了整個藝術的性質——卻不曾被提出。」(ILL p.229) 機械化再生產這種新技術怎樣改變了整個藝術的性質，這點正是〈機械化再生產時代的藝術品〉一文的中心論點。在討論這方面的問題之前，我們還需澄清藝術品和氛圍的關係。要指出的是對班雅明來說機械化再生產破壞的只是藝術品的特有氛圍，這是把藝術從儀式的寄生關係中解放出來所必需的。但氛圍的現象並不限於藝術品，班雅明說：「假如你在炎夏午睡時，你雙目沿著遠處的山峰遊歷，又或者是在你身上投下影子的樹枝，你會感覺到那些山峰，那根樹枝的氛圍。」(ILL p.225) 在〈波特萊爾的一些主題〉裡，班雅明更進一步引申。他指出：「對氛圍的感覺是基於把人際關係裡一種共同的反應轉移到人和物質或自然世界的關係上。我們望著的人，或那個感到自己被望著的人，會轉而望著我們。感覺到我們望著的物件的氛圍的意思就是賦予它回過來看我們的能力。」(CB p.148)

氛圍本來並不是藝術品的專利。即使是山峰、樹枝，我們也可以感受到它們的氛圍，原因是它們亦可以像勾起普魯斯特無限回憶的小吃一樣，令我們記起過去的一絲一毫，召回一個遠離的過去形象。它就有如被賦予回望過來的能力一樣。當世界是一座象徵的森林時，任何物件都會被賦予回望過來的能力。當世界變成一個龐大的集體運輸系統，車廂內的人極力避免彼此的目光時，物件亦失去回望的能力，因為連人的目光也變得散渙空洞。因此，氛圍的消散和春天失去芳香或是教堂鐘聲變成遊魂的哀號都是基於相同的歷史過程，而不是由於機械化再生產這種新科技。後者的作用是特別針對著藝術品的氛圍。對於物品的氛圍的消散，班雅明是有點惋惜的，就如他對說故事的失傳頗為惋惜一樣。但對藝術品的氛圍的消散，班雅明卻絕對是雀躍的。這裡沒有絲毫的矛盾，藝術品的氛圍的生命力比諸一般物品的生命力要強，因為它一直寄生在宗教的儀式裡。即使宗教被世俗化的力量取代，藝術品的氛圍仍受到唯美主義或「為藝術而藝術」等世俗化的儀式保護。如果一般物品的氛圍拉近人和物品的關係，使物品更似人類（能夠回望）；藝術品的氛圍卻只會永遠令藝術高高在上，永遠是崇拜的對象。

機械化再生產在打散藝術品的氛圍的同時，把藝術重新投入人們的日常生活裡。機械化再生產的技術的最大特點是它引發出新的藝術形式，如攝影和電影。這些形式是要靠複製才能表現出來，機械化再生產的技術成了這些形式的藝術表現的原則。它改變了整個藝術的性質。改變在那裡？班雅明生動地指出了攝影和繪畫之間的分別：「對於那雙望著繪畫時百看不厭的眼睛，攝影就像飢餓者的食物或是口渴者的飲料。」 *(CB* p.147) 驟眼看班雅明

好像是貶低攝影的藝術意義，甚至是完全否定。如果攝影的作用只在於充飢解渴，那麼它只是滿足一些基本的需求，而且只能維持一段短暫的時間。事實上，攝影捕捉的是一些微細瑣碎又或者是稍瞬即逝以至肉眼並不察覺的事情。繪畫則旨在表現一些永恆的形式，如人的體態或歷史主題。問題是把永恆等同藝術，剎那和多變的就不是藝術的觀點是否落伍了？在〈歷史哲學命題〉裡，班雅明將人們慣常的觀念倒轉過來，永恆的藝術只不過是統治者一代傳一代的戰利品，剎那的映像才是我們被奴役的祖先留下的遺產。

從概念上而言，只有真理才可以是永恆。只是由於人們往往把美和真混為一談，藝術（由於追求美）因而與永恆掛鉤。對班雅明來說，事物顯得美，不是因為事物本身就是美麗，美麗不是事物本身的真理；真理本身也不是美，只有真理的呈現、真理的啟示才是美。這點在《德國悲劇的起源》的序言裡有較詳盡的討論。班雅明指出：「如果真理被形容為美麗，那麼這點必須放在《饗宴》(*Symposium*) 裡對愛欲 (Eros) 的不同階段的描寫來理解。要知道愛欲並沒有直接向真理表達他的渴求，從而暴露他的基本欲念；因為真理是美麗的，但不是在於自身，而是為了愛欲的緣故。」(*OGT* p.31) 班雅明接著以情人眼裡出西施為譬喻，真理本身不是美，但對於探求真理的人來說卻是。他又強調這種說法看似相對主義，但其實不然。因為「真理的表達不是一個把祕密摧毀的揭露過程，而是一次合乎情義的啟示」(*OGT* p.31)，只有酷愛真理的人才會領會這種真理表達的特點。這種表達是美，因為是一次啟示，不是粗暴的揭露。這也是為什麼班雅明認為藝術品呈現的美是對過去的召喚，啟示就必然是有關過去的啟示。預言

亦可以是啟示，因為預言是有關過去在將來的滿全。

　　真理是永恆，但真理的啟示卻在歷史裡發生。歷史也就有如一塊遮在真理面上的面紗一樣。就如大城市的人群一樣，歷史的面紗是不可能揭開的。啟示也就只有在歷史裡才可以明白，啟示也是美，因此美亦可算是歷史的範疇。這樣說的意思不只是指美的準則會隨著歷史轉變，更深的意思是指事物如果顯得美，那是因為它們被遮掩起來。班雅明指出：「美的主要律則因而表現為只有被遮掩起來的事物才顯得美。因此，美本身並非只是外表，一如無稽的哲學所說的。……不只是外表，不是別的美麗事物的面紗……因為面紗或被遮蔽的事物都不是美，而是帶著面紗的物品。」① 大城市的美是如此，藝術品的美亦是；在藝術品裡，藝術的具體用途是被遮掩起來的。因此，班雅明對唯美主義或「為藝術而藝術」毫不留情。這些主義和口號都是藝術的實際作用枯竭後出現的，它們有的只是藝術品的面紗。另一方面，當班雅明說在機械化再生產裡並沒有美的分兒的時候，他卻不是說機械化再生產的技術揭開事物的面紗，把事物本來的面貌，原原本本的顯露。這種說法代表著人們對機械化再生產的誤解，絕對不是這種技術的特徵。

　　機械化再生產抓著的是事物多變、剎那間便消失的一面。它所展示的現實是片面但卻是深入的。在〈機械化再生產時代的藝術品〉一文裡，班雅明用巫師和手術醫生來分別比喻畫家和攝影師。巫師幾乎不需觸摸病人就可以治病，充其量只是把雙手放在病人的頭上；這種醫治需要病人把自己完全託付給巫師。手術醫

① 見 McCole, *Walter Benjamin and the Antinomies of Tradition*, Ithaca: Comell University Press, 1993, p.121。

生和病人之間卻無需先建立人際關係，病人很可能完全不知道誰在替自己做手術。然而手術醫生和病人之間的軀體接觸卻是深入的，手術是直接進入病人體內而不是輕輕放在頭上 (*ILL* p.235)。這個譬喻主要帶出兩個論點，其一是繪畫所鋪陳的現實是全面的（巫師醫治整個人，包括靈魂和肉身），但也為了這個緣故是表面的。攝影表現的只是局部現實（手術往往是局限於身體的某部分），但卻是深入的。換言之，攝影和繪畫所表達的現實是截然不同的，接收的情況和產生的效果亦恰好相反。「繪畫邀請觀眾沉思，在它跟前，觀眾可以把自己交付給它的各種聯想。」 (*ILL* p.240) 這也是巫師和手術醫生的譬喻引申的第二個論點，「一個在藝術品面前集中精神的人也就被它吸納了，……相反，精神分散的群眾吸納藝術品。」 (*ILL* p.241) 這裡所說的群眾是螢幕前的群眾，他們是無需集中精神的。他們卻有能力吸納藝術品，因為「對著螢幕，公眾的批判態度和接收態度是一致的。決定性的因素在於個別的反應是由即將產生的群眾反應所事先決定的」 (*ILL* p.236)。

　　傳統的藝術品和機械化再生產不但展示兩種不同的現實，它們亦代表著兩種不同的感觀。要注意的是這裡不存在所謂雅俗並存的問題，因為「人的感觀形態是隨著人類整個生存狀況而改變的」 (*ILL* p.224)，藝術品的特有氛圍的消失是因為人類整個生存狀況已改變。這種改變可以抽象地以傳統的消失來表達，亦可以具體地用光環掉進泥濘的意象來形容。問題是傳統失落之後是否需要和仍否可以跟過去聯繫？光環掉到泥濘之後是否可以繼續寫詩？要寫又要怎樣寫？班雅明的思想連結最抽象的形上哲學（或稱為神學）和致力於改造世界的唯物主義，對以上的問題也就提

供了極為獨特的考慮點。一方面，他不只要恢復與過去的聯繫，更要救贖過去，令到過去的每一刻都可以引述。另一方面，他又致力於使歷史裡的新事物能夠擺脫舊有的形式的限制。前一種觀點在〈歷史哲學命題〉裡最為明顯，而後者則以〈機械化再生產時代的藝術品〉一文作代表者。這種既重視過去，又否定過去的主張怎樣可以協調呢？班雅明的見解其實遠遠超出所謂批判地接受過去的講法。〈歷史哲學命題〉和〈機械化再生產時代的藝術品〉兩篇文章同時跟《商場研究計劃》有密切的關係，它們之間的表面不協調也就是《商場研究計劃》裡的兩種不同張力。這兩種張力卻不純然是班雅明自己的理論問題，在第三章裡，我們已討論了為什麼新事物的出現必然夾雜著舊的形式或元素，這不只是因為人們的想像追不上事物的發展，也是為了舊有元素其實保留著過去未能完成的願望。新事物的作用不在於新，而在於完成壯志未酬的過去。即使在〈機械化再生產時代的藝術品〉一文裡，班雅明亦提出這個論點。

「在製作室裡，機械裝置是這樣深入現實的腹地，令到它的純粹的，完全不受外來儀器制約的一面其實是一個特別步驟的結果，即是說一部特別調校的照相機的拍照和把類似的照片架起。這裡沒有儀器的現實的一面變成是工藝的頂峰。」(*ILL* p.235) 這裡，班雅明指出電影和傳統藝術的一個重大分別在於前者表現的現實是完全免於儀器的，而戲劇必然是在舞臺前面看，看的必然是舞臺這種裝置上的戲劇。看電影卻看不到拍成電影的攝影機，更加看不到剪接底片的儀器。「因此，對於現代人來說，電影所表達的現實比起畫家所表達的重要得多，簡直不能比較。因為正好由於現實完全由機械裝置所滲透，它提供了完全免於裝置的現實

的一面。」(ILL p.236) 或許人們會問這又為什麼是重要？班雅明的答案是：「而那是人們應該從一件藝術品裡得到的。」 (ILL p.237) 班雅明的一貫立場是藝術品（有別於一般物品）一直是扮演著特定的社會功能，只是傳統藝術品作為宗教膜拜的對象，其功能的消失也就不足惜。「為藝術而藝術」的路向表面上令到藝術品脫離任何社會功能，但具體的情況是藝術品淪為個人口味的選擇，變成與商品無異。機械化再生產的技術展示一個完全免於裝置的現實，這樣的一個現實是完全由人自己建構起來的，這樣的一個現實和說故事所展現的也就有異曲同工之妙。

跟說故事一樣，電影以至攝影同是無需理會是否真實的問題；故事必定佈滿說故事者的人生足跡就如電影和攝影是被機械裝置穿透一樣。更重要的是說故事代表著一種無需強記、可以遺忘的記憶。同樣，電影和攝影代表著一種無需察看的視力。換言之，機械化再生產這種新技術的重要性在於它重新完成舊有的說故事藝術的作用，因此班雅明說：「那是人們應該從一件藝術品裡得到的。」這也是藝術品應有的功用，包括它的政治作用。政治無非是為人群謀幸福，但幸福不是將來會得到的事物所能賦予的，幸福是當人們可以引述過去的每一刻。從神學的觀點而言，真理的啟示發生在歷史裡，人類的救贖也就在於過去的救贖；當過去的每一刻都可以引述時，人們才有可能明白歷史上的啟示的真諦（對班雅明來說，啟示不是《舊約聖經》所說令人驚惶震慄。啟示亦不是預言未來的命運，而是失去的，沒有蹤影的）。從唯物主義的角度而言，人類的救贖就是解放，但不是未來世代的解放而是被勞役的祖先的解放。這個祖先包括我們自己，那個被迫長大，放棄夢想的我。因此解放令我們快樂。

　　解放當然是群體的解放，即使救贖也是群體的範疇②，機械化再生產的另一種意義也在這裡。在文章的注釋裡，班雅明指出：「攝影機通常比肉眼更能辨認群眾運動。高空俯瞰最能捕捉成千上萬的人的聚集。即使這種景象對肉眼和對攝影機都是能見的，肉眼見到的映像卻不能像底片一樣可以放大。這意味著群眾運動，包括戰爭，構成一種行為模式。這種模式特別有利於機械裝置。」(*ILL* p.253) 班雅明的先後次序是清楚的，是群眾運動有利於機械裝置，機械裝置只是告訴人們群眾運動的事。這點本來並沒有新意，大城市根本不會少了人群。但大城市的人群卻是一塊不斷變更圖案的面紗，它令到人群裡的每一個人都成了不穩定、面目不清的波希米亞人。它亦令到布朗基可以神不知、鬼不覺地舉行檢閱。然而，群眾運動是要顯示出來才可以產生成效；這正是機械裝置的所長。它不但顯示群眾運動，更可以把它放大。它因而扮演著評論的作用。不過機械化再生產的評論作用亦同樣需要顯示出來，換言之，需要一個評論的評論者。這樣的評論者卻不是高高在上，從高空俯瞰；而是走在人群裡。他的評論範圍包括評論空間的萎縮、文字被拖上街頭和遨遊者的遭遇。他的「評論使作品收斂檢點，不是要提高其中的認識（浪漫主義），而是把知識搬進裡面」(*CORR* p.224)。這種評論也就有如波特萊爾的詩句，把紛亂的經歷變成人生體驗。當然，班雅明就是這種評論的代表者。

---

②　史高林（猶太教歷史專家、班雅明摯友）指出：「猶太教的各個派別都一直堅持救贖是一件在歷史的舞臺上和在群體裡公開進行的事件。」參 Gershom Scholem, *The Messianic Idea in Judaism*, New York: Schocken Book, 1995, p.1。

附

錄

班雅明著作英譯本

CB   *Charles Baudelaire: A Lyric Poet in the Era of High Capitalism,* tr. Harry Zohn, London: Verso, 1983.

CORR   *The Correspondence of Walter Benjamin,* edited and annotated by Gershom Scholem and Theodor Adorno, tr. Manfred Jacobson and Evelyn Jacobson, with a foreword by Gershom Scholem, Chicago and London: University of Chicago Press, 1994.

CP   "Central Park", tr. Lloyd Spencer, *New German Critique,* No.34 (Winter 1985), pp.28–58.

ILL   *Illuminations,* ed. with an introduction by Hannah Arendt, tr. Harry Zohn, London: Fontana, 1973.

OGTD   *The Origin of German Tragic Drama,* tr. John Osbourne, with an introduction by George Steiner, London: Verso, 1985.

OWS   *One-Way Street and Other Writings,* tr. Edmund Jephcott and Kingsley Shorter, with an introduction by Susan Sontag, London: Verso, 1985.

UB   *Understanding Brecht,* tr. Anna Bostock, with an introduction by Stanley Mitchell, London: Verson, 1983.

N   "N [Re the Theory of Knowledge, Theory of Progress]" in Gary Smith ed., *Benjamin: Philosophy, Aesthetics, History,* Chicago: University of Chicago Press, 1989, pp.43–83.

班雅明研究書目

1. Benjamin, Andrew and Osborne, Peter (eds.) 1994: *Walter Benjamin's Philosophy: Destruction and Experience*, London: Routledge.

2. Bolz, Norbert and van Reijen, Willem 1991: *Walter Benjamin*, New York: Humanity Press.

3. Brodersen, Momme 1997: *Walter Benjamin: A Biography*, London: Verso.

4. Buck-Morss, Susan 1989: *The Dialectics of Seeing: Walter Benjamin and the Arcades Project*, Cambridge, Mass.: MIT Press.

5. Caygill, Howard 1998: *Walter Benjamin: The Colour of Experience*, London: Routledge.

6. Cohen, Margaret 1993: *Profane Illumination: Walter Benjamin and the Paris of Surrealist Revolution*, Berkeley: University of California Press.

7. Gilloch, Graeme 1996: *Myth and Metropolis: Walter Benjamin and the City*, Cambridge: Polity Press.

8. Jennings, Michael 1987: *Dialectical Images: Walter Benjamin's Theory of Literary Criticism*, Ithaca: Cornell Unversity Press.

9. McCole, John 1993: *Walter Benjamin and the Antinomies of Tradition*, Ithaca: Cornell University Press.

10. Mehlman, Jeffrey 1993: *Walter Benjamin for Children: An Essay on His Radio Years*, Chicago: University of Chicago Press.

11. Missac, Pierre 1995: *Walter Benjamin's Passages*, Cambridge, Mass.: MIT Press.

12. Scholem, Gershom 1982: *Walter Benjamin: The Story of a Friendship*, London: Faber and Faber.

13. Smith, Gary (ed.) 1988: *On Walter Benjamin: Critical Essays and Recollections*, Cambridge, Mass.: MIT Press.

14. Weigel, Sigrid 1996: *Body-and Image-Space: Re-reading Walter Benjamin*, London: Routledge.

人物簡介

◆ Theodor Adorno　阿多諾　(1903-1969)

　　生於德國法蘭克福，在該處大學完成學業並擔任教職，後來加入原本附屬法蘭克福大學的社會研究院 (Institute for Social Research)。一九二三年認識班雅明，對後者的哲學思想極之欽佩。班雅明的著作能被世人認識，阿多諾居功至偉。

◆ Louis Althusser　阿圖塞　(1918-1990)

　　普遍被認為是西方馬克思主義最重要的理論家。出生於阿爾及利亞及受教於巴黎的阿圖塞並不認識班雅明，但阿圖塞把馬克思主義結合其他思潮（如結構主義和心理分析）的做法跟班雅明倡談歷史唯物論和神學結盟這點值得深入探討。

◆ Charles Baudelaire　波特萊爾　(1821-1867)

　　十九世紀法國詩人，代表作是《惡之華》。班雅明曾打算寫一部波特萊爾的專著，並完成中間的三個章節交到社會研究院在其刊物出版，但不獲接納。

◆ Bertolt Brecht　布萊希特　(1898-1956)

　　德國劇作家。班雅明在二〇年代認識布萊希特並開始積極寫文章推介布氏的戲劇。在放逐期間，班雅明多次離開巴黎造訪移居丹麥的布萊希特。

◆ Susan Buck-Morss　畢摩斯

美國康乃爾大學 (Cornell University) 教授，班雅明專家。對班雅明未完成的巨著《商場研究計劃》的研究，貢獻良多。

◆ Johann Fichte　費希特　(1762-1814)

在德國唯心主義 (Idealism) 的哲學傳統裡，費希特是一個上承康德 (Kant)，下啟黑格爾 (Hegel) 的人物。他認為要貫徹康德在哲學上的突破，需進一步提倡康德的精神 (Spirit) 和去除其哲學裡無意義的條文 (Letter)。康德強調人的認知和感觀只限於事物的現象，不可能觸及事物本身 (Thing-in-itself)。費希特認為事物本身的說法便是康德哲學裡無意義的條文，應不予理會。因此人的認知和感觀只能追源於人自己的意識，後者不只限於自覺還有康德所強調的對道德的追求。費希特的哲學因而將康德的道德理性和純理性結合一起，開出黑格爾的辯證唯心主義。

◆ Jürgen Habermas　哈伯瑪斯　(1929-)

繼霍克曼和阿多諾之後主持源於德國法蘭克福的社會研究院，因而被認為是「法蘭克福學派」的第二代人物。在個人經歷上，哈伯瑪斯對德國戰後能發展健全的民主體制印象極深。投射在理論上，他一方面秉承霍、阿二人以馬克思主義作為資本主義的意識型態批判的做法，另一方面強調不應全面否定資本主義底下出現的制度，尤其是民主制度。近年他更強調社會主義其實就是要建立更徹底的民主制度。

◆ Georg Hegel　黑格爾　(1770-1831)

黑格爾的哲學是一個龐大的系統，這個系統是黑格爾因應他身處的歷史環境漸漸成形的。黑格爾和拿破崙 (Napoleon) 是同代人，他著名的《精神現象學》 (*Phenomenology of Spirit*) 剛好在拿破崙攻陷他居住的城市那一

天寫好。他的哲學體系要表達整體人類的經驗，包括過去、現在和將來。對黑格爾來說哲學的主題是人在具體世界裡的轉變和發展，後者的意思是指人對自我的認識不斷有所提高，直至人的認識和具體的事物發展完全一致。人亦因而參透絕對的精神 (Absolute Spirit)。在黑格爾手裡，康德的事物本身成了人認知的最高境界。

◆ Max Horkheimer　霍克曼　(1895-1973)

霍克曼雖不是成立於一九二三年的「社會研究院」的始創者，但自從他在一九三〇年接任院長一職之後，便致力締造一種獨特的社會研究風格，亦即是後來廣為人知曉的批判理論 (Critical Theory)。這套理論的特色是致力把各種模仿科學的社會研究納入一套唯物的社會理論裡，換言之是嘗試把各種社會研究放在馬克思主義的理論裡再行探討。一方面避免抽象地談理論，另一方面則把社會研究帶出經驗主義的框框。

到了四〇年代，批判理論卻轉變為批判理性本身。這點從霍克曼和阿多諾合著的《啟蒙辯證法》(*Dialectic of Enlightenment*) 一書最為清楚。這部書對進步觀的批判明顯受班雅明的〈歷史哲學命題〉所影響。

◆ Carl Jung　榮格　(1875-1961)

分析心理學 (Analytical Psychology) 的始創者。跟弗洛伊德 (Freud) 的心理分析一樣，這套心理學著重研究人的潛意識 (Subconscious)，但卻強調其集體性質並且指出其內涵無非是一些古老原型 (Archetypes) 的組合自己。

◆ Franz Kafka　卡夫卡　(1883-1924)

生於捷克一個猶太家庭，卻用德文寫成《審判》、《古堡》等不朽名著。

◆ Paul Klee　基爾　(1879-1940)

德國表現主義畫家。班雅明買了保羅‧基爾一幅繪於一九二〇年的油

畫 *Angelus Novus*，〈歷史哲學命題〉裡的命題九即曾闡釋這幅畫的意象。

◆ György Lukács　盧卡奇　(1885-1971)

　　生於匈牙利首都布達佩斯，早期思想主要承襲德國古典時期的哲學。俄國革命爆發後，盧卡奇接受了共產主義並參加創立匈牙利共產黨。盧卡奇又寫了《歷史與階級意識》這部影響深遠的書籍，二十世紀思想家中，除班雅明之外，受其影響的還包括葛蘭西 (Gramsci)、馬克沙 (Marcuse) 和沙特 (Satre) 等人。

◆ Karl Marx　馬克思　(1818-1883)

　　馬克思的名字永遠會跟工人階級連在一起，但馬克思本人的家庭背景卻是中產階級，他的父親是一位出名的律師。十八歲時，馬克思到了柏林大學攻讀法律。但他的興趣卻在哲學和歷史，並加入大學裡的「青年黑格爾學派」(Young Hegelians) 的陣營裡。畢業後，馬克思從事新聞工作，其後更出任《萊茵河日報》(*Rheinische Zeitung*) 主編。在馬克思努力下，報章銷量大升，但這樣一來卻招惹當權者的注意，並在一年後查封報社。馬克思離開德國，定居巴黎，寫成著名的《巴黎手稿》(*Paris Manuscript*)。在巴黎，馬克思和恩格斯再次碰頭並且結交成摯友。當革命運動在一八四八年席捲整個歐洲之際，馬克思和恩格斯聯合發表了《共產黨宣言》。革命被粉碎後，馬克思不能再留在歐洲。一八四九年馬克思舉家到了倫敦並一直逗留。在倫敦，馬克思的生活十分清苦，但馬克思卻完成了影響了整個二十世紀的《資本論》。

◆ Marcel Proust　普魯斯特　(1871-1922)

　　年輕時是巴黎交際社會中的活躍分子。一八九九年以後卻退隱並日夜顛倒地寫完他那劃時代巨著《追憶似水年華》。

◆ Leopold von Ranke　蘭克　(1795-1886)

十九世紀德國史學家，倡議科學史學，認為史學家只需透過正確的方法便可以把過去的事原原本本地重新建構。在方法學上，蘭克無疑地作了一定貢獻，如提出原始資料 (Primary Source) 和二手資料 (Secondary Source) 的分別。在哲學上，科學史學的提出卻墜入了班雅明所說的空洞時間的深淵。史學家可以原原本本建構過去的想法，假定過去和現在好像是一個鐵路網上的不同地點，搭上正確的列車就可以來去自如。

◆ Gershom Scholem　史高林　(1897-1982)

班雅明的摯友，猶太神祕主義專家。出生於柏林，一九二三年移民巴勒斯坦 (Palestine)。班雅明一度亦想追隨其友到巴勒斯坦，後來打消，因為他覺得歐洲才適合他。

◆ Georg Simmel　薛姆　(1858-1918)

像班雅明一樣，薛姆的思想是不容易捉摸。他的著作涉及不同學科，哲學、心理學、經濟、藝術等等。即使是單一的著作如《金錢的哲學》(*Philosophy of Money*) 亦同樣是縱橫於不同學科之間。由一八八五年至一九一四年期間，他一直任教於柏林大學。班雅明曾經修讀薛姆講授的科目。

◆ Max Weber　韋伯　(1864-1920)

生於柏林一個中產家庭。在大學裡，韋伯本來攻讀法律和法律史。當時德國已告統一，經濟亦開始起飛，但發展集中在西南部，東部則為大地主 (Junkers) 控制。西南部經濟的高速發展吸引了大量原先在東部農場工作的工人，以致大地主的農場減產。德國政府遂開展一項龐大的有關勞動人口的研究，韋伯亦參與其中。這是韋伯第一次從事社會研究的工作。韋伯一生都在學府裡進行學術工作，他與馬克思及塗爾幹 (Durkheim) 三人同被

奉為社會學之父。韋伯對當今社會學的影響更有凌駕其他二人之勢，韋伯對理性化的研究、思想在歷史中的作用等課題仍是當今社會學必定討論的課題。

重要辭彙簡釋

◆ Ariadne's thread　亞迪亞蘭的線球

亞迪亞蘭 (Ariadne) 是基堤 (Crete) 皇帝米洛斯 (Minos) 的女兒。基堤雄霸一方，連雅典 (Athens) 亦稱臣，每年得向基堤的一隻人面牛身的怪物進貢七個童男和七個童女。為了解決怪物，雅典王的兒子菲修斯 (Theseus) 扮作童男一起前往。米洛斯將怪物藏於一座迷宮內，進入者無一能再出來。在愛神的幫助下，菲修斯得到亞迪亞蘭的歡心，後者送他一綑線球並把線球的一端繫在迷宮外。菲修斯因而得以在屠殺怪物後順利脫身。

◆ Asceticism　苦行主義

原本指西元四世紀的羅馬帝國的一種現象。當時不少基督徒獨自跑到中東和北非一帶的沙漠，過著一種清苦和冥想的生活。韋伯則用了這個名詞來形容新教的一個教派——喀爾文派 (Calvinist) 的行為。

◆ Copernican Revolution　哥白尼式的革命

哥白尼 (Nicholaus Copernicus, 1473–1543) 是第一個提出太陽中心說的天文學家。之前的想法是宇宙間的天體都是以地球為中心。哥白尼式的革命是指一種徹底的思想革命。

◆ Culture Industry　文化工業

阿多諾和霍克曼在二人合著的《啟蒙辯證法》(*Dialectic of*

Enlightenment) 首先提出的觀念。資本主義不只是一種經濟模式，隨著資本主義的發展，文化生產的領域亦按照資本主義模式運作，形成文化工業。

◆ Belles lettres　精緻文學

一個概括文學批評和美學的名詞。小說和詩歌則不算。精緻文學一般都採用散文的形式。

◆ Dandy　優皮士

指極之講究衣著的男士，進一步引申為講究自己的儀容舉止和個人形象的人。

◆ Dialectic　辯證法

簡單而言，辯證法代表著一種思想步驟，又或者是一種社會進程。它的特色是在對立的事物中，找出對立的因由和對立之下形成的接觸和滲透，最後達到一種超越先前對立的思想形態或社會模式。

◆ Flâneur　遨遊者

在城市居住的每一個人都有可能是遨遊者。城市的多姿多采讓人可以漫無目的地四處張看。班雅明進一步指出城市裡有些人卻將這種無目的遊盪變成職業，這些人是遨遊者的代表者。

◆ Historical Materialism　歷史唯物論

波柏 (Karl Popper) 曾經批評馬克思主義是一種歷史主義，因為它是一套歷史發展的大理論。但歷史唯物論強調的卻不是歷史的終端，而是歷史的起源。馬克思的《1844 手稿》是歷史唯物論的經典著作，這部著作在二十世紀二〇年代才被人發現。《1844 手稿》強調人類社會無非是人在勞動中建立；換言之，人，以至人類歷史，無非是人的自我建構，而這種建構不

是靜態或抽象的思索，而是在勞動中，透過人與大自然、人與人之間的互動。

◆ Historicism　歷史主義

源於十九世紀德國史學家，強調任何思想體系或行為模式都有其特定的歷史因由，研究者必須返到其中涉及的歷史環境裡，親歷其境，不能一概而論。後來的用法則出現轉變，變成是一些有關歷史發展的大理論的代名詞。班雅明對歷史主義的討論，分別用了以上兩種意義。

◆ Modernism　現代主義

在十九世紀後期出現，但深深地影響著整個二十世紀的藝術運動，包括繪畫、詩歌、小說、戲劇、音樂和建築等。以文學為例，現代主義的作品旨在打破傳統文學形式的各種既有限制，極之著作語言的作用，並在作品本身探討寫作的意義。

◆ Myth　神話

由遠古傳下，近乎荒誕的故事。神話代表著早期人類以自己有限的認識去解釋世界的嘗試。

◆ Post-Fordist Production　後福特主義的生產

美國的福特車廠是世界上首家引用生產線的生產方法來大量生產汽車。這種生產方式的特徵是大規模製作，整個生產過程在一個地點，由一條生產線去完成。後福特主義生產則把生產的程序分到不同地點，甚至地區，利用不同地方的比較優勢（如廉價勞工）降低成本，增加邊際利潤。中國大陸的原料加工就是典型的後福特主義生產的一環。

◆ Progress　進步

在人類社會裡，偶然的發明或改良其實自古便有，但進步的觀念卻是一個近代的觀念。古代社會並不自覺到透過有效的組織和知識的累積，人類不但可以而且應該不斷改進。進步作為一種觀念和理想始自培根 (Francis Bacon)，到啟蒙時期更加發揚光大。

◆ Reading backwards　倒轉閱讀

班雅明曾經將閱讀和抄寫比作是乘坐飛機在天空瀏覽和在地上逐步探索。倒轉閱讀依然是閱讀，不是在地面探索，倒轉閱讀不會製造一份新的文本。倒轉閱讀可比作在天空飛行配備了錄像設施，閱讀的過程不一定要順序，可以自由選擇，更可以在特別的地方盤旋。回憶就是一種倒轉閱讀。

◆ Eschatology　終極論

認為歷史發展朝著一種終極的目的。《新約聖經》中的〈啟示錄〉是這種觀念的代表。在哲學上，黑格爾 (Hegel) 的學說是典型的終極論。馬克思主義也往往被當是終極論來批評，但馬克思對社會主義的描寫極之簡單，他基本上是強調資本主義其實已發展了讓人們建設社會主義的好些因素，但社會主義不是必然的，否則根本無需鬥爭。

◆ Ur-history　歷史原型或亞歷史

Ur 是現今伊拉克南部的一個埋藏地下的古城。二十世紀初期才被考古學家發掘出來。古城的原址早於西元前六千年已有人類定居的遺跡，到西元前三千年這個古城發展到佔地十五公頃的城市。它是人類社會最早出現的城鎮之一，古城後來湮沒，被埋在三公尺深的泥土中。它的名字被借用作為一種雖然隱沒了，但卻是歷史真確的一面。要發掘這種歷史，歷史主義（返回過去）是不濟事的，唯一方法是把過去帶到現在。

索 引

二 劃

三 劃

四 劃

五　劃

六　劃

九　劃

十　劃

十一劃

十二劃

十八劃

十九劃

二十劃

二十一劃

西洋文學、文化意識叢書

葉維廉　廖炳惠主編

叢書特色

在文字上：用平實淺明的解說，取代艱澀、令人目不暇給的名詞及術語。

在內容上：真正深入每一理論家的原作，系統的闡明文學、文化理論的思想傳承、演變、作用，並進一步評估其成就。

在選題上：平均分配文學、文化理論家的學派比例，並對當代的文化、社會理論及活動作一廣泛的接觸。

在地域上：涵蓋了蘇俄、東歐、西歐到美國，使不落入英美或法德為本位的理論傾銷。

作者方面：這套叢書集合了臺灣、香港、法國、美國的學者，以目前的陣容為基礎，希望能逐漸擴大，並引起學術及文化界的熱列迴響，使理論進入日常生活的意識，思想與文化作為結合。

硬美學
從柏拉圖到古德曼的七種不流行讀法

劉亞蘭　著

本書作者擺脫以往用「唯美」藝術作品來介紹美學的作法，反而從七個迥異的主題下手。這些議題包括了對藝術體制的批判、藝術與詮釋問題、創作與靈感、解構藝術、藝術與性別／種族、藝術的本質等爭議，範圍除了涵蓋當代歐陸美學與分析美學兩大傳統外，也不忘討論美學史上重要的哲學家。

循著七種美學的「不流行讀法」，帶領讀者一窺藝術、美與哲學背後的種種爭論，來一趟「硬」美學之旅！

海德格與胡塞爾現象學

張燦輝　著

海德格被公認為二十世紀最重要的哲學家之一，但想要了解海德格哲學，則不能不從他的老師胡塞爾開始講起。作者淋漓盡致地分析整個現象學的發展、變化乃至超越與困境。本書於一九九六年首次出版，對當時漢語世界剛剛起步的海德格研究，有重要的參考價值。

德勒茲

羅貴祥　著

本書分為五章，分別探討德勒茲與西方哲學傳統的關係、他怎樣在舊語言中找出新意義、如何運用精神分析去解剖資本主義制度、在不同的藝術中發掘新動力，以及他對歷史運動趨向的獨特理解。德勒茲儘管是法國極具影響力的思想家，但在國內仍未被一般人所熟悉，本書藉此機會希望向讀者提供德勒茲的思想脈絡。

國家圖書館出版品預行編目資料

班雅明／馬國明著.－－二版一刷.－－臺北市: 東大,
2021
面; 公分.－－（西洋文學文化意識叢書）

ISBN 978－957－19－3289－7 （平裝）
1. 班雅明(Benjamin, Walter, 1892-1940) 2. 學術思
想 3. 西洋哲學 4. 傳記

147.79   110016991

西洋文學文化意識叢書

班雅明

作　　　者	馬國明
發 行 人	劉仲傑
出 版 者	東大圖書股份有限公司
地　　　址	臺北市復興北路 386 號 (復北門市)
	臺北市重慶南路一段 61 號 (重南門市)
電　　　話	(02)25006600
網　　　址	三民網路書店 https://www.sanmin.com.tw
出版日期	初版一刷 1998 年 9 月
	初版二刷 2009 年 1 月
	二版一刷 2021 年 11 月
書籍編號	E140890
I S B N	978-957-19-3289-7

東大圖書公司